РАССКАЗЫ О ЖИВОТНЫХ

#эксмодетство

Москва
2023

УДК 821.161.1-93
ББК 84(2Рос=Рус)6я43
Р24

Рассказы о животных. — Москва : Эксмо, 2023. —
Р24 112 с. : ил. — (Книги для внеклассного чтения).

ISBN 978-5-04-175775-5

В сборник включены рассказы известных русских писателей о природе и животных. Благодаря этой книге дети научатся бережно относиться к окружающему миру, помогать и сопереживать братьям нашим меньшим, станут более ответственными и гуманными.

Книга может быть использована для домашнего и школьного чтения.

УДК 821.161.1-93
ББК 84(2Рос=Рус)6я43

ISBN 978-5-04-175775-5

вылетает из гнезда, а другая остаётся в нём постоянно.

«Видно, она наносила яичек и сидит теперь на них», — подумал мальчик.

В самом деле, недели через три из гнезда стали выглядывать крошечные головки. Как рад был теперь мальчик, что не разорил гнёздышка!

Сидя на крылечке, он по целым часам смотрел, как заботливые птички носились по воздуху и ловили мух, комаров и мошек. Как быстро сновали они взад и вперёд, как неутомимо добывали пищу своим деткам!

Мальчик дивился, как это ласточки не устают летать целый день, не приседая почти ни на одну минуту, и выразил своё удивление отцу.

Отец достал чучело ласточки и показал сыну:

— Посмотри, какие у ласточки длинные, большие крылья и хвост в сравнении с маленьким, лёгким туловищем и такими крошечными ножками, что ей почти не на чем сидеть; вот почему она может летать так быстро и долго. Если бы ласточка умела говорить, то такие бы диковинки рассказала она тебе — о южнорусских степях, о крымских горах, покрытых виноградом, о бурном Чёрном море, которое ей нужно было пролететь, не присевши ни разу, о Малой Азии, где всё цвело и зеленело, когда у нас выпадал уже снег, о голубом Средиземном море, где пришлось ей раз или два отдохнуть на островах, об Африке, где она вила себе гнёздышко и ловила мошек, когда у нас стояли крещенские морозы.

— Я не думал, что ласточки улетают так далеко, — сказал мальчик.

— Да и не одни ласточки, — продолжал отец, — жаворонки, перепела, дрозды, кукушки, дикие утки, гуси и множество других птиц, которых называют перелётными, также улетают от нас на зиму в тёплые страны. Для одних довольно и такого тепла, какое бывает зимою в южной Германии и Франции, другим нужно перелететь высокие снежные горы, чтобы приютиться на зиму в цветущих лимонных и померанцевых рощах Италии и Греции; третьим надобно лететь ещё дальше, перелететь всё Средиземное море.

— Отчего же они не остаются в тёплых странах целый год, — спросил мальчик, — если там так хорошо?

— Видно, им недостаёт корма для детей или, может быть, уж слишком жарко. Но ты вот чему подивись: как ласточки, пролетая тысячи четыре вёрст, находят дорогу в тот самый дом, где у них построено гнездо?

ЧУЖОЕ ЯИЧКО

Рано утром встала старушка Дарья, выбрала тёмное, укромное местечко в курятнике, поставила туда корзинку, где на мягком сене были разложены тринадцать яиц, и усадила на них хохлатку. Чуть светало, и старуха не рассмотрела, что тринадцатое яичко было зеленоватое и поменьше прочих. Сидит курица прилежно, греет яички; сбегает поклевать зёрнышек, попить водицы — и опять на место; даже вылиняла, бедняжка. И какая стала сердитая: шипит, квохчет, даже петушку не даёт подойти, а тому очень хотелось заглянуть, что там в тёмном уголке делается. Просидела курочка недели с три, и стали из яичек цыплята выклёвываться один за другим: проклюнет скорлупку носом, выскочит, отряхнётся и станет бегать, ножками пыль разгребать, червячков искать.

Позже всех проклюнулся цыплёнок из зеленоватого яичка. И какой же странный он вышел, кругленький, пушистый, жёлтый, с коротенькими ножками, с широким носиком. «Странный у меня вышел цыплёнок, — думает курица, — и клюёт, и ходит-то он не по-нашему; носик широкий, ноги коротенькие, какой-то косолапый, с ноги на ногу переваливается». Подивилась курица своему цыплёнку, однако же какой ни на есть, а всё сын. И любит, и бережёт его курица, как и прочих, а если завидит ястреба, то, распустивши перья и широко раздвинув круглые крылья, прячет под себя всех своих цыплят, не разбирая, какие у кого ноги.

Стала курочка деток учить, как из земли червячков выкапывать, и повела всю семью на берег пруда: там-де червей больше и земля мягче. Как только коротконогий цыплёнок завидел воду, так прямо и кинулся в неё. Курица кричит, крыльями машет, к воде кидается; цыплята тоже перетревожились: бегают, суетятся, пищат, и один петушок с испугу даже вскочил на камешек, вытянул шейку и в первый ещё раз в своей жизни заорал осиплым голоском: «Ку-ку-ре-ку!» Помогите, мол, добрые люди, братец тонет! Но братец не утонул, а превесело и легко, как клок хлопчатой бумаги, плавал себе по воде, загребая воду своими широкими, перепончатыми лапами. На крик курицы выбежала из избы старая Дарья, увидела, что делается, и закричала: «Ахти, грех какой! Видно, это я сослепу подложила утиное яйцо под курицу».

А курица так и рвалась к пруду: насилу могли отогнать бедную.

СЛЕПАЯ ЛОШАДЬ

Давно, очень уже давно, когда не только нас, но и наших дедов и прадедов не было ещё на свете, стоял на морском берегу богатый и торговый славянский город Винета, а в этом городе жил богатый купец Уседом, корабли которого, нагруженные дорогими товарами, плавали по далёким морям. Уседом был очень богат и жил роскошно: может быть, и самое прозвание Уседома, или Вседома, получил он от того, что в его доме было решительно всё, что только можно было найти хорошего и дорогого в то время; а сам хозяин, его хозяйка и дети ели только на золоте и на серебре, ходили только в соболях да в парче.

В конюшнях Уседома было много отличных лошадей, но ни в Уседомовой конюшне, ни во всей Винете не было коня быстрее и красивее Догони-Ветра — так прозвал Уседом свою любимую верховую лошадь за быстроту её ног. Никто не смел садиться на Догони-Ветра, кроме самого хозяина, и хозяин никогда не ездил верхом ни на какой другой лошади.

Случилось купцу в одну из своих поездок по торговым делам, возвращаясь в Винету, проезжать на своём любимом коне через большой и тёмный лес. Дело было под вечер, лес был страшно тёмен и густ, ветер качал верхушки угрюмых сосен; купец ехал один-одинёшенек и шагом, сберегая своего любимого коня, который устал от дальней поездки. Вдруг из-за кустов, будто из-под земли, выскочило шестеро плечистых молодцов, с зверскими лицами, в мохнатых шапках, с рогатинами, топорами и ножами в руках; трое были на лошадях, трое пешком, — и два разбойника уже схватили было лошадь купца за узду. Не видать бы богатому Уседому своей родимой Винеты, если бы под ним был другой какой-нибудь конь, а не Догони-Ветер. Почуяв на узде чужую руку, конь рванулся вперёд; своею широкою, сильною грудью опрокинул на землю двух дерзких злодеев, державших его за узду, смял под ногами третьего, который, махая рогатиной, забегал вперёд и хотел было преградить ему дорогу, и помчался, как вихрь. Конные разбойники пустились вдогонку; лошади у них были тоже добрые, но куда же им догнать Уседомова коня? Догони-Ветер, несмотря на свою усталость, чуя погоню, мчался, как стрела, пущенная из туго натянутого лука, и далеко оставил за собой разъярённых злодеев. Через полчаса Уседом уже въезжал в родимую Винету на своём добром коне, с которого пена клочьями валилась на землю.

Слезая с лошади, бока которой от усталости подымались высоко, купец тут же, трепля Догони-Ветра по взмыленной шее, торжественно обещал, что бы с ним ни случилось, никогда не продавать и не дарить никому своего верного коня, не прогонять его, как бы он ни состарился, и ежедневно, до самой смерти, отпускать коню по три меры лучшего овса.

Но, поторопившись к жене и детям, Уседом не присмотрел сам за лошадью, а ленивый работник не выводил измученного коня как следует, не дал ему совершенно остыть и напоил раньше времени. С тех самых пор Догони-Ветер начал хворать, хилеть, ослабел на ноги и, наконец, ослеп.

Купец очень горевал и с полгода верно соблюдал своё обещание: слепой конь стоял по-прежнему на конюшне, и ему ежедневно отпускалось по три меры овса. Уседом потом купил себе другую верховую лошадь, и через полгода ему показалось слишком нерасчётливо давать слепой, никуда не годной лошади по три меры овса, и он велел отпускать две. Ещё прошло полгода; слепой конь был ещё молод, приходилось его кормить долго, и ему стали отпускать по одной мере. Наконец, и это показалось купцу тяжело, и он велел снять с Догони-Ветра узду и выгнать его за ворота, чтобы не занимал напрасно места в конюшне.

Слепого коня работники выпроводили со двора палкой, так как он упирался и не шёл.

Бедный, слепой Догони-Ветер, не понимая, что с ним делают, не зная и не видя, куда идти, остался стоять за воротами, опустивши голову и печально шевеля ушами. Наступила ночь, пошёл снег, спать на камнях было жёстко и холодно для бедной слепой лошади. Несколько часов простояла она на одном месте, но наконец голод заставил её искать пищи. Поднявши голову, нюхая в воздухе, не попадётся ли где-нибудь хоть клок соломы со старой, осунувшейся крыши, брела наудачу слепая лошадь и натыкалась беспрестанно то на угол дома, то на забор.

Надобно вам знать, что в Винете, как и во всех старинных славянских городах, не было князя, а жители города управлялись сами собою, собираясь на площадь, когда нужно было решать какие-нибудь важные дела. Такое собрание народа для решения его собственных дел, для суда и расправы называлось вечем. Посреди Винеты, на площади, где собиралось вече, висел на четырёх столбах большой вечевой колокол, по звону которого собирался народ и в который мог звонить каждый, кто считал себя обиженным, и требовать от народа суда и защиты. Никто, конечно, не смел звонить в вечевой колокол по пустякам, зная, что за это от народа сильно достанется.

Бродя по площади, слепая, глухая и голодная лошадь случайно набрела на столбы, на которых висел колокол, и думая, может быть, вытащить из стрехи пучок соломы, схватила зубами за верёвку, привязанную к языку колокола, и стала дёргать: колокол зазвонил так сильно, что народ, несмотря на то что было ещё рано, толпами стал сбегаться на площадь, желая знать, кто так громко требует его суда и защиты. Все на Винете знали Догони-Ветра, знали, что он спас жизнь своему хозяину, знали обещание хозяина и удивились, увидя посреди площади бедного коня — слепого, голодного, дрожащего от стужи, покрытого снегом. Скоро объяснилось, в чём дело, и когда народ узнал, что богатый Уседом выгнал из дому слепую лошадь, спасшую ему жизнь, то единодушно решил, что Догони-Ветер имел полное право звонить в вечевой колокол.

Потребовали на площадь неблагодарного купца и, несмотря на его оправдания, приказали ему содержать лошадь по-прежнему и кормить её до самой её смерти. Особый человек приставлен был смотреть за исполнением приговора, а самый приговор был вырезан на камне, поставленном в память этого события на вечевой площади.

Говорят, впрочем, что не нужно было ни разу принуждать Уседома к исполнению вечевого приговора; купец почувствовал всю черноту своего поступка: кормил и холил слепую лошадь до самой её смерти.

ИГРАЮЩИЕ СОБАКИ

Володя стоял у окна и смотрел на улицу, где грелась на солнышке большая собака Полкан. К Полкану подбежал маленький Мопс и стал на него кидаться и лаять; хватал его зубами за огромные лапы, за морду и, казалось, очень надоедал большой и угрюмой собаке.

— Погоди-ка, вот она тебе задаст! — сказал Володя. — Проучит она тебя.

Но Мопс не переставал играть, а Полкан смотрел на него очень благосклонно.

— Видишь ли, — сказал Володе отец, — Полкан добрее тебя. Когда с тобою начнут играть твои маленькие братья и сёстры, то непременно дело кончится тем, что ты их приколотишь. Полкан же знает, что большому и сильному стыдно обижать маленьких и слабых.

ТОЛСТОЙ
ЛЕВ НИКОЛАЕВИЧ

ЛЕВ И СОБАЧКА

В Лондоне показывали диких зверей и за смотренье брали деньгами или собаками и кошками на корм диким зверям. Одному человеку захотелось поглядеть зверей; он ухватил на улице собачонку и принёс её в зверинец. Его пустили смотреть, а собачонку взяли и бросили в клетку ко льву на съеденье.

Собачка поджала хвост и прижалась в угол клетки. Лев подошёл к ней и понюхал её. Собачка легла на спину, подняла лапки и стала махать хвостиком.

Лев тронул её лапой и перевернул. Собачка вскочила и стала перед львом на задние лапки. Лев смотрел на собачку, поворачивал голову со стороны на сторону и не трогал её.

Когда хозяин бросил льву мяса, лев оторвал кусок и оставил собачке.

Вечером, когда лев лёг спать, собачка легла подле него и положила свою голову ему на лапу.

С тех пор собачка жила в одной клетке со львом. Лев не трогал её, ел корм, спал с ней вместе, а иногда играл с ней.

Один раз барин пришёл в зверинец и узнал свою собачку; он сказал, что собачка его собственная, и попросил хозяина зверинца отдать ему. Хозяин хотел отдать, но, как только стали звать собачку, чтобы взять её из клетки, лев ощетинился и зарычал. Так прожили лев и собачка целый год в одной клетке. Через год собачка заболела и издохла. Лев перестал есть, а всё нюхал, лизал собачку и трогал её лапой. Когда он понял, что она умерла, он вдруг вспрыгнул, ощетинился, стал хлестать себя хвостом по бокам, бросился на стену клетки и стал грызть засовы и пол.

Целый день он бился, метался по клетке и ревел, потом лёг подле мёртвой собачки и затих. Хозяин хотел унести мёртвую собачку, но лев никого не подпускал к ней.

Хозяин думал, что лев забудет своё горе, если ему дать другую собачку, и пустил к нему в клетку живую собаку; но лев тотчас разорвал её на куски. Потом он обнял своими лапами мёртвую собачку и так лежал пять дней.

На шестой день лев умер.

ЗАЙЦЫ

Зайцы по ночам кормятся. Зимой зайцы лесные кормятся корою деревьев, зайцы полевые — озимями и травой, гуменники — хлебными зёрнами на гумнах. За ночь зайцы прокладывают по снегу глубокий, видный след. До зайцев охотники — и люди, и собаки, и волки, и лисицы, и вороны, и орлы. Если бы заяц ходил просто и прямо, то поутру его сейчас бы нашли по следу и поймали, но трусость спасает его.

Заяц ходит ночью по полям без страха и прокладывает прямые следы; но как только приходит утро, враги его просыпаются: заяц начинает слышать то лай собак, то визг саней, то голоса мужиков, то треск волка по лесу, и начинает от страха метаться из стороны в сторону. Проскачет вперёд, испугается чего-нибудь и побежит назад по своему следу. Ещё услышит что-нибудь — и со всего размаха прыгнет в сторону и поскачет прочь от прежнего следа. Опять стукнет что-нибудь — опять заяц повернётся назад и опять поскачет в сторону. Когда светло станет, он ляжет.

Наутро охотники начинают разбирать заячий след, путаются по двойным следам и далёким прыжкам и удивляются хитрости зайца. А заяц и не думал хитрить. Он только всего боится.

ПТИЧКА

Был Серёжа именинник, и много ему разных подарили подарков: и волчки, и кони, и картинки. Но дороже всех подарков подарил дядя Серёже сетку, чтоб птиц ловить. Сетка сделана так, что на рамке приделана дощечка и сетка откинута. Насыпать семя на дощечку и выставить на двор. Прилетит птичка, сядет на дощечку, дощечка подвернётся, и сетка сама захлопнется. Обрадовался Серёжа, прибежал к матери показать сетку. Мать говорит:

— Нехороша игрушка. На что тебе птички? Зачем ты их мучить будешь?

— Я их в клетки посажу. Они будут петь, и я их буду кормить.

Достал Серёжа семя, насыпал на дощечку и выставил сетку в сад. И всё стоял, ждал, что птички прилетят. Но птицы его боялись и не летели на сетку. Пошёл Серёжа обедать и сетку оставил. Поглядел после обеда, сетка захлопнулась, и под сеткой бьётся птичка. Серёжа обрадовался, поймал птичку и понёс домой.

— Мама! Посмотрите, я птичку поймал, это, верно, соловей! И как у него сердце бьётся.

Мать сказала:

— Это чиж. Смотри же, не мучай его, а лучше пусти.

Ушинский К.Д. «Дятел»

Ушинский К.Д. «Васька»

— Нет, я его кормить и поить буду.

Посадил Серёжа чижа в клетку и два дня сыпал ему семя, и ставил воду, и чистил клетку. На третий день он забыл про чижа и не переменил ему воду.

Мать ему и говорит:

— Вот видишь, ты забыл про свою птичку, лучше пусти её.

— Нет, я не забуду, я сейчас поставлю воды и вычищу клетку.

Засунул Серёжа руку в клетку, стал чистить, а чижик испугался, бьётся об клетку. Серёжа вычистил клетку и пошёл за водой. Мать увидела, что он забыл закрыть клетку, и кричит ему:

— Серёжа, закрой клетку, а то вылетит и убьётся твоя птичка!

Не успела она сказать, чижик нашёл дверку, обрадовался, распустил крылышки и полетел через горницу к окошку. Да не видал стекла, ударился о стекло и упал на подоконник.

Прибежал Серёжа, взял птичку, понёс её в клетку. Чижик был ещё жив, но лежал на груди, распустивши крылышки, и тяжело дышал. Серёжа смотрел, смотрел и начал плакать.

— Мама! Что мне делать?

— Теперь ничего не поделаешь.

Серёжа целый день не отходил от клетки и всё смотрел на чижика, а чижик всё так же лежал на грудке и тяжело и скоро дышал. Когда Серёжа пошёл спать, чижик был ещё жив. Серёжа долго не мог заснуть; всякий раз, как закрывал глаза, ему представлялся чижик, как он лежит и дышит. Утром, когда Серёжа подошёл к клетке, он увидел, что чиж уже лежит на спинке, поджал лапки и закостенел. С тех пор Серёжа никогда не ловил птиц.

ПОЖАРНЫЕ СОБАКИ

Бывает часто, что в городах на пожарах остаются дети в домах и их нельзя вытащить, потому что они от испуга спрячутся и молчат, а от дыма нельзя их рассмотреть. Для этого в Лондоне приучены собаки.

Собаки эти живут с пожарными, и когда загорится дом, то пожарные посылают собак вытаскивать детей.

Одна такая собака в Лондоне спасла двенадцать детей; её звали Боб. Один раз загорелся дом. И, когда пожарные приехали к дому, к ним выбежала женщина. Она плакала и говорила, что в доме осталась двухлетняя девочка. Пожарные послали Боба. Боб побежал по лестнице и скрылся в дыму. Через пять минут он выбежал из дома и в зубах за рубашку нёс девочку. Мать бросилась к дочери и плакала от радости, что дочь была жива. Пожарные ласкали собаку и осматривали её — не обгорела ли она; но Боб рвался опять в дом. Пожарные подумали, что в доме ещё есть что-нибудь живое, и пустили его. Собака побежала в дом и скоро выбежала с чем-то в зубах. Когда народ рассмотрел то, что она несла, то все расхохотались: она несла большую куклу.

О МУРАВЬЯХ

Один раз я пришла в кладовую достать варенья. Я взяла банку и увидала, что вся банка полна муравьями. Муравьи ползали и в средине, и сверху банки, и в самом варенье. Я вынула всех муравьёв ложечкой, смела кругом с банки и поставила банку на верхнюю полку.

На другой день, когда я пришла в кладовую, я увидала, что муравьи с полу приползли на верхнюю полку и опять заползли в варенье.

Я взяла банку, опять очистила, обвязала верёвкой и привесила на гвоздик к потолку. Когда я посмотрела ещё раз на банку, то увидала, что на ней остался один муравей, он скоро бегал кругом по банке. Я остановилась посмотреть, что он будет делать.

Муравей побегал по стеклу, потом побежал по верёвке, которой была обвязана банка, потом вбежал на верёвочку, которой была привязана банка. Вбежал на потолок, с потолка побежал по стене вниз и на пол, где было много муравьёв.

Верно, муравей этот рассказал другим, по какой дороге он пришёл из банки, потому что сейчас же много муравьёв пошли друг за другом по стене на потолок и по верёвочке в банку, по той же самой дороге, по которой пришёл муравей.

Я сняла банку и поставила её в другое место.

БИАНКИ ВИТАЛИЙ ВАЛЕНТИНОВИЧ

ПЕРВАЯ ОХОТА

Надоело Щенку гонять кур по двору.

«Пойду-ка, — думает, — на охоту за дикими зверями и птицами».

Шмыгнул в подворотню и побежал по лугу.

Увидели его дикие звери, птицы и насекомые и думают каждый про себя.

Выпь думает: «Я его обману!»

Удод думает: «Я его удивлю!»

Вертишейка думает: «Я его напугаю!»

Ящерка думает: «Я от него вывернусь!»

Гусеницы, бабочки, кузнечики думают: «Мы от него спрячемся!»

«А я его прогоню!» — думает Жук-Бомбардир.

«Мы все за себя постоять умеем, каждый по-своему!» — думают они про себя.

А Щенок уже побежал к озерку и видит: стоит у камыша Выпь на одной ноге по колено в воде.

«Вот я её сейчас поймаю!» — думает Щенок, и совсем уж приготовился прыгнуть ей на спину.

А Выпь глянула на него и шагнула в камыш.

Ветер по озеру бежит, камыш колышет. Камыш качается

взад-вперёд,
взад-вперёд.

У Щенка перед глазами жёлтые и коричневые полосы качаются

взад-вперёд,
взад-вперёд.

А Выпь стоит в камыше, вытянулась — тонкая-тонкая и вся в жёлтые и коричневые полосы раскрашена.

Стоит, качается

взад-вперёд,
взад-вперёд.

Щенок глаза выпучил, смотрел, смотрел — не видно Выпи в камыше.

«Ну, — думает, — обманула меня Выпь. Не прыгать же мне в пустой камыш! Пойду другую птицу поймаю».

Выбежал на пригорок, смотрит: сидит на земле Удод, хохлом играет, — то развернёт, то сложит.

«Вот я на него сейчас с пригорка прыгну!» — думает Щенок.

А Удод припал к земле, крылья распластал, хвост раскрыл, клюв вверх поднял.

Смотрит Щенок: нет птицы, а лежит на земле пёстрый лоскут, и торчит из него кривая игла.

Удивился Щенок: куда же Удод девался? «Неужели я эту пёструю тряпку за него принял? Пойду поскорей маленькую птичку поймаю».

Подбежал к дереву и видит: сидит на ветке маленькая птица Вертишейка.

Кинулся к ней, а Вертишейка юрк вдупло.

«Ага! — думает Щенок. — Попалась!»

Поднялся на задние лапы, заглянул в дупло, а в чёрном дупле чёрная змея извивается и страшно шипит.

Отшатнулся Щенок, шерсть дыбом поднял — и наутёк.

А Вертишейка шипит ему вслед из дупла, головой крутит, по спине у неё змейкой извивается полоска чёрных перьев.

«Уф! Напугала как! Еле ноги унёс. Больше не стану на птиц охотиться. Пойду лучше Ящерку поймаю».

Ящерка сидела на камне, глаза закрыла, грелась на солнышке.

Тихонько к ней подкрался Щенок — прыг! — и ухватил за хвост.

А Ящерка извернулась, хвост в зубах у него оставила, сама под камень!

Хвост в зубах у Щенка извивается.

Фыркнул Щенок, бросил хвост — и за ней. Да куда там! Ящерка давно под камнем сидит, новый хвост себе отращивает.

«Ну, — думает Щенок, — уж если Ящерка и та от меня вывернулась, так я хоть насекомых наловлю».

Посмотрел кругом, а по земле жуки бегают, в траве кузнечики прыгают, по веткам гусеницы ползают, в воздухе бабочки летают.

Бросился Щенок ловить их, и вдруг — стало кругом, как на загадочной картинке: все тут, а никого не видно. Спрятались все.

Зелёные кузнечики в зелёной траве притаились.

Гусеницы на веточках вытянулись и замерли: их от сучков не отличишь.

Бабочки сели на деревья, крылья сложили — не разберёшь, где кора, где листья, где бабочки.

Один крошечный Жук-Бомбардир идёт себе по земле, никуда не прячется.

Догнал его Щенок, хотел схватить, а Жук-Бомбардир остановился да как пальнёт в него летучей едкой струйкой — прямо в нос попал!

Взвизгнул Щенок, хвост поджал, повернулся — да через луг, да в подворотню.

Забился в конуру и нос высунуть боится.

А звери, птицы и насекомые — все опять за свои дела принялись.

КТО ЧЕМ ПОЁТ?

Слышишь, какая музыка гремит в лесу?

Слушая её, можно подумать, что все звери, птицы и насекомые родились на свет певцами и музыкантами.

Может быть, так оно и есть: музыку ведь все любят, и петь всем хочется. Только не у каждого голос есть.

Вот послушай, чем и как поют безголосые.

Лягушки на озере начали ещё с ночи.

Надули пузыри за ушами, высунули головы из воды, рты приоткрыли.

«Ква-а-а-а-а!..» — одним духом пошёл из них воздух.

Услыхал их Аист из деревни.

Обрадовался:

— Целый хор! Будет мне чем поживиться!

И полетел на озеро завтракать.

Прилетел и сел на берегу. Сел и думает:

«Неужели я хуже лягушки? Поют же они без голоса. Дай-ка и я попробую».

Поднял длинный клюв, застучал, затрещал одной его половинкой о другую — то тише, то громче, то реже, то чаще: трещотка трещит деревянная, да и только! Так разошёлся, что и про завтрак свой забыл.

А в камышах стояла Выпь на одной ноге, слушала и думала:

«Безголосая я цапля! Да ведь и Аист — не певчая птичка, а вон какую песню наигрывает».

И придумала: «Дай-ка на воде сыграю!»

Сунула в озеро клюв, набрала полный воды да как дунет в клюв!

Пошёл по озеру громкий гул:

«Прумб-бу-бу-бумм!»... — словно бык проревел.

«Вот так песня! — подумал Дятел, услыхав Выпь из лесу. — Инструмент-то у меня найдётся: чем дерево не барабан, а нос мой чем не палочка?»

Хвостом упёрся, назад откинулся, размахнулся головой — как задолбит носом по суку!

Точь-в-точь барабанная дробь.

Вылез из-под коры Жук с предлинными усами.

Закрутил, закрутил головой, заскрипела его жёсткая шея — тоненький-тоненький писк послышался.

Пищит усач, а всё напрасно: никто его писка не слышит. Шею натрудил — зато сам своей песнею доволен.

А внизу, под деревом, из гнезда вылез Шмель и полетел петь на лужок.

Вокруг цветка на лужку кружит, жужжит жилковатыми жёсткими крылышками, словно струна гудит.

Разбудила шмелиная песня зелёную Саранчу в траве.

Стала Саранча скрипочки налаживать. Скрипочки у неё на крылышках, а вместо смычков — длинные задние лапки коленками назад. На крыльях — зазубринка, а на ножках зацепочки.

Трёт себя Саранча ножками по бокам, зазубринками за зацепочки задевает — стрекочет.

Саранчи на лугу много: целый струнный оркестр.

«Эх, — думает долгоносый Бекас под кочкой, — надо и мне спеть! Только вот чем? Горло у меня не годится, нос не годится, шея не годится, крылышки не годятся, лапки не годятся... Эх! Была не была, — полечу, не смолчу, чем-нибудь да закричу!»

Выскочил из-под кочки, взвился, залетел под самые облака. Хвост раскрыл веером, выпрямил крылышки, перевернулся носом к земле и понёсся вниз, переворачиваясь с боку на бок, как брошенная с высоты дощечка. Головой воздух рассекает, а в хвосте у него тонкие, узкие перышки ветром перебирает.

И слышно с земли: будто в вышине барашек запел, заблеял.

А это Бекас.

Отгадай, чем он поёт?

Хвостом!

КРАСНАЯ ГОРКА

Чик был молодой красноголовый воробей. Когда ему исполнился год от рождения, он женился на Чирике и решил зажить своим домком.

— Чик, — сказала Чирика на воробьином языке, — Чик, а где же мы устроим себе гнездо? Ведь все дупла в нашем саду уже заняты?

— Эка штука! — ответил Чик, тоже, конечно, по-воробьиному. — Ну, выгоним соседей из дому и займём их дупло.

Он очень любил драться и обрадовался такому удобному случаю показать Чирике свою удаль. И, раньше чем робкая Чирика успела его остановить, он сорвался с ветки и помчался к большой рябине с дуплом. Там жил его сосед — такой же молодой воробей, как Чик.

Хозяина около дома не было.

«Заберусь в дупло, — решил Чик, — а когда прилетит хозяин, буду кричать, что он хочет отбить у меня дом. Слетятся старики, — и вот зададим соседу!»

Он и забыл совсем, что сосед женат и жена его уже пятый день мастерит гнездо в дупле.

Только Чик просунул в дырку голову, — рраз! — кто-то больно щёлкнул его по носу. Пискнул Чик и отскочил от дупла. А сзади уже мчался на него сосед. С криком сшиблись они в воздухе, упали на землю, сцепились и покатились в канаву.

Чик дрался на славу, и соседу его приходилось уже плохо. Но на шум драки со всего сада слетелись старики воробьи. Они сейчас же разобрали, кто прав, кто виноват, и задали Чику такую встрёпку, что он не помнил, как и вырвался от них.

В себя пришёл Чик в каких-то кустах, где прежде ему никогда не случалось бывать. Все косточки у него ныли.

Рядом с ним сидела перепуганная Чирика.

— Чик! — сказала она так грустно, что он, верно бы, расплакался, если б только воробьи умели плакать. — Чик, мы теперь никогда больше не вернёмся в родной сад! Где мы выведем теперь детей?

Чик и сам понимал, что ему нельзя больше попадаться на глаза старикам воробьям: они забьют его насмерть. Всё-таки он не хотел показать Чирике, что трусит. Поправил клювом свои растрёпанные пёрышки, немножко отдышался и сказал беспечно:

— Эка штука! Найдём себе другое место, ещё получше.

И они отправились куда глаза глядят — искать себе новое место для житья.

Только вылетели они из кустов, как очутились на берегу весёлой голубой реки. За рекой поднималась высокая-высокая гора из красной глины и песка. Под самой вершиной обрыва виднелось множество дырок и норок. У больших дырок сидели парочками галки и рыжие соколки-пустельги; из маленьких норок то и дело вылетали быстрые ласточки-береговушки. Целая стая их лёгкой тучкой носилась над обрывом.

— Смотри, как у них весело! — сказала Чирика. — Давай и мы устроим себе гнездо на Красной горке.

Чик с опаской поглядел на соколков и галок. Он думал: «Хорошо береговушкам: они сами копают себе норки в песке. А мне чужое гнездо отбивать?» И снова у него заныли сразу все косточки.

— Нет, — сказал он, — тут мне не нравится: такой шум, прямо оглохнуть можно.

И они полетели дальше. Дальше была роща, а за рощей — домик с дощатым сараем.

Чик и Чирика опустились на крышу сарая. Чик сразу заметил, что тут нет ни воробьёв, ни ласточек.

— Вот где житьё-то! — радостно сказал он Чирике. — Гляди, сколько разбросано по двору зерна и крошек. Мы будем тут одни и никого к себе не пустим.

— Чш! — шикнула Чирика. — Смотри, какое страшилище там, на крыльце.

И правда: на крыльце спал толстый Рыжий Кот.

— Эка штука! — храбро сказал Чик. — Что он нам сделает? Гляди, вот как я его сейчас!..

Он слетел с крыши и так стремительно понёсся на Кота, что Чирика даже вскрикнула.

Но Чик ловко подхватил у Кота из-под носа хлебную крошку и — раз-раз! — опять уже был на крыше.

Кот даже не шевельнулся, только приоткрыл один глаз и зорко поглядел на забияку.

— Видела? — хвастал Чик. — А ты боишься!

Чирика не стала с ним спорить, и оба принялись искать удобное место для гнезда.

Выбрали широкую щель под крышей сарая. Сюда принялись они таскать сначала солому, потом конский волос, пух и перья.

Не прошло и недели, как Чирика положила в гнездо первое яичко — маленькое, всё в розовато-бурых пестринках. Чик был так рад ему, что сложил даже песенку в честь своей жены и себя самого:

Чирик, Чик-чик,
Чирик, Чик-чик,
Чики-чики-чики-чики,
Чики, Чик, Чирик!

Песенка эта решительно ничего не значила, зато её так удобно было распевать, прыгая по забору.

Когда в гнезде стало шесть яичек, Чирика села их высиживать.

Чик полетел собирать для неё червячков и мух, потому что теперь её надо было кормить нежной пищей. Он замешкался немного, и Чирике захотелось поглядеть, где он.

Только она высунула нос из щели, как с крыши протянулась за ней рыжая лапа с растопыренными когтями. Рванулась Чирика — и целый пучок перьев оставила в когтях у Кота. Ещё чуть-чуть — и была бы её песенка спета.

Кот проводил её глазами, запустил в щель лапу и выволок разом всё гнездо — целый ком соломы, перьев и пуха. Напрасно кричала Чирика, напрасно подоспевший Чик смело кидался

Ушинский К.Д. «Ласточка»

Ушинский К.Д. «Чужое яичко»

на Кота, — никто не пришёл им на помощь. Рыжий разбойник преспокойно съел все шесть их драгоценных яичек. Ветер поднял пустое лёгкое гнездо и скинул его с крыши на землю.

В тот же день воробьи навсегда покинули сарай и переселились в рощу, подальше от Рыжего Кота.

В роще им скоро посчастливилось найти свободное дупло. Они снова принялись таскать солому и целую неделю трудились, строили гнездо.

В соседях у них жили толстоклювый Зяблик с Зяблихой, пёстрые Мухолов с Мухоловкой и франтоватый Щегол со Щеглихой. У каждой пары был свой дом, пищи хватало всем, но Чик успел уже подраться с соседями — просто так, чтобы показать им, какой он храбрый и сильный.

Только Зяблик оказался посильней его и хорошо потрепал забияку. Тогда Чик стал осторожней. Он уже не лез в драку, а только топорщил перья и задиристо чирикал, когда мимо пролетал кто-нибудь из соседей. За это соседи на него не сердились: они и сами любили похвастать перед другими своей силой и удалью.

Жили спокойно, пока вдруг не стряслась беда.

Первый поднял тревогу Зяблик. Он жил дальше других от воробьёв, но Чик услышал его громкое тревожное: рюм-пиньк-пиньк! рюм-пиньк-пиньк!

— Скорей, скорей! — крикнул Чик Чирике. — Слышишь: Зяблик запинькал — опасность!

И правда: кто-то страшный к ним приближался. После Зяблика закричал Щегол, а там и Пёстрый Мухолов. Мухолов жил всего за четыре дерева от воробьёв. Если уж он увидел врага, — значит, враг был совсем близко.

Чирика вылетела из дупла и села на ветку рядом с Чиком. Соседи предупредили их об опасности, и они приготовились встретить её лицом к лицу.

В кустах мелькнула пушистая рыжая шерсть, и лютый враг их — Кот — вышел на открытое место. Он видел, что соседи уже выдали его воробьям и ему теперь не поймать Чирику в гнезде. Он злился.

Вдруг кончик его хвоста зашевелился в траве, глаза прищурились: Кот увидел дупло. Что же, ведь и полдюжины воробьиных яиц — неплохой завтрак. И Кот облизнулся. Он вскарабкался на дерево и запустил в дупло лапу.

Чик и Чирика подняли крик на всю рощу. Но и тут никто не пришёл к ним на помощь. Соседи сидели по своим местам и громко кричали от страха. Каждая пара боялась за свой дом.

Кот зацепил когтями гнездо и вытащил его из дупла.

Но в этот раз он пришёл слишком рано: яиц в гнезде не оказалось, сколько он ни искал.

Тогда он кинул гнездо и сам спустился на землю. Воробьи провожали его криком.

У самых кустов Кот остановился и обернулся к ним с таким видом, точно хотел сказать:

«Погодите, миленькие, погодите! Никуда вы от меня не денетесь! Устраивайте себе новое гнездо где хотите, выводите птенцов, а я приду и слопаю их, да и вас заодно».

И он так грозно фыркнул, что Чирика вздрогнула от страха.

Кот ушёл, а Чик с Чирикой остались горевать у разорённого гнезда. Наконец Чирика сказала:

— Чик, ведь через несколько дней у меня непременно будет новое яичко. Летим скорей, найдём себе местечко где-нибудь за рекой. Там уж Кот не достанет нас.

Она и не знала, что через реку есть мост и что Кот частенько хаживает по этому мосту. Чик этого тоже не знал.

— Летим, — согласился он.

И они полетели.

Скоро очутились они под самой Красной горкой.

— К нам, к нам летите! — кричали им береговушки на своём, на ласточкином, языке. — У нас на Красной горке житьё дружное, весёлое.

— Да, — крикнул им Чик, — а сами драться будете!

— Зачем нам драться? — отвечали береговушки. — У нас над рекой мошек на всех хватает, у нас на Красной горке пустых норок много — выбирай любую.

— А пустельги? А галки? — не унимался Чик.

— Пустельги ловят себе в полях кузнечиков и мышей. Нас они не трогают. Мы все в дружбе.

И Чирика сказала:

— Летали мы с тобой, Чик, летали, а краше этого места не видели. Давай тут жить.

— Что ж, — сдался Чик, — раз норки у них есть свободные и драться никто не будет, можно попробовать.

Подлетели они к горе, и верно: ни пустельги их не тронули, ни галки.

Стали норку себе по вкусу выбирать: чтобы и не очень глубокая была, и вход пошире. Нашлись такие две рядом.

В одной они гнездо выстроили и Чирика высиживать села, в другой Чик ночевал.

У береговушек, у галок, у соколков — у всех давно уже вывелись птенцы. Одна Чирика терпеливо сидела в тёмной своей норке. Чик с утра до ночи таскал ей туда еду.

Прошло две недели. Рыжий Кот не показывался. Воробьи уж и забыли о нём.

Чик с нетерпением ждал птенцов. Каждый раз, как притаскивал он Чирике червяка или муху, он спрашивал её:

— Тукают?

— Нет, ещё не тукают.

— А скоро будут?

— Скоро, скоро, — терпеливо отвечала Чирика.

Однажды утром Чирика позвала его из норки:

— Лети скорей: один тукнул!

Чик сейчас же примчался в гнездо. Тут он услышал, как в одном яйце птенчик чуть слышно тукал в скорлупу слабым клювиком.

Чирика осторожно помогла ему: надломила скорлупку в разных местах.

Прошло несколько минут, и птенчик показался из яйца — крошечный, голый, слепой. На тоненькой-тоненькой шейке моталась большая голая голова.

— Да какой он смешной! — удивился Чик.

— Совсем не смешной! — обиделась Чирика. — Очень хорошенький птенчик. А тебе нечего тут делать, бери вот скорлупки да закинь их куда-нибудь подальше от гнезда.

Пока Чик относил скорлупки, выклевался второй птенчик и начал постукивать третий.

Вот тут-то и началась тревога на Красной горке.

Из своей норки воробьи услышали, как пронзительно вдруг закричали ласточки.

Чик выскочил наружу и сейчас же вернулся с известием, что Рыжий Кот карабкается по обрыву.

— Он видел меня! — кричал Чик. — Он сейчас будет здесь и вытащит нас вместе с птенцами. Скорей, скорей летим прочь отсюда!

— Нет, — грустно ответила Чирика. — Никуда я не полечу от маленьких моих птенчиков. Пусть будет, что будет.

И сколько ни звал Чик, она и с места не тронулась.

Тогда Чик вылетел из норки и стал, как сумасшедший, кидаться на Кота. А Кот лез и лез по обрыву. Тучей вились над ним ласточки, с криком летели на выручку к ним галки и пустельги.

Кот быстро вскарабкался наверх и уцепился лапой за край норки. Теперь ему оставалось только просунуть другую лапу за гнездом и вытащить его вместе с Чирикой, птенцами и яйцами.

Но в эту минуту одна пустельга клюнула его в хвост, другая — в голову и две галки ударили в спину.

Кот зашипел от боли, повернулся и хотел схватить птиц передними лапами. Но птицы увернулись, и он кубарем покатился вниз. Ему не за что было уцепиться: песок сыпался вместе с ним, и чем дальше, тем скорей, чем дальше, тем скорей...

Птицам стало уже не видно, где Кот: с обрыва неслось только облако красной пыли. Плюх! — и облако остановилось над водой. Когда оно рассеялось, птицы увидели мокрую кошачью голову посредине реки, а сзади поспевал Чик и клевал Кота в затылок.

Кот переплыл реку и выбрался на берег. Чик и тут от него не отставал. Кот был так напуган, что не посмел схватить его, задрал мокрый хвост и галопом помчался домой.

С той поры ни разу не видели на Красной горке Рыжего Кота.

Чирика спокойно вывела шестерых птенцов, а немного погодя и ещё шестерых, и все они остались жить в свободных ласточкиных гнёздах.

А Чик перестал задирать соседей и крепко подружился с ласточками.

РЫБИЙ ДОМ

На окне в моей комнате, в большой банке из-под варенья, живёт рыбка-колюшка, по прозвищу Остропёр. Я кормлю её мотылём и каждый день меняю в банке воду.

Дети приходят ко мне в гости и удивляются:

— Зачем ты держишь у себя эту простую рыбку? Купил бы лучше красивых золотых рыбок.

Тогда я рассказываю им, как жил Остропёр в другой, чудесной стране и как он попал ко мне.

Вот этот рассказ.

Была весна. Птицы вили гнёзда для своих птенцов. Пришла пора и Остропёру подумать о детях. Он и отправился разыскивать подходящее место для дома.

Ему было весело, и он на бегу подпрыгивал до самого неба. Он мог это делать потому, что страна, где он тогда жил, была действительно чудесная страна.

Она лежит меж двух крутых песчаных гор. Вместо воздуха там вода. Луга покрыты зелёным илом. В лесах растут длинные жёлтые водоросли. А небо той страны низкое, плоское, как потолок, и блестит серебром.

Что там над ним, — Остропёр не знал. Ему захотелось взглянуть туда хоть одним глазком. Он взял да и просунул в небо голову.

Там он увидал над собой другое небо — синее, далёкое. Увидал другие, высокие-высокие леса. А прямо перед собой Остропёр заметил птицу с большой головой и длинным острым клювом.

На ней был яркий наряд из мягких коричнево-изумрудных, голубых перьев. Она сидела на ветке и задумчиво смотрела вниз.

Это был рыбий разбойник — Зимородок.

Он сейчас же распустил крылья и стремглав понёсся прямо на Остропёра.

Остропёр вильнул хвостом и мигом очутился снова в своей стране. Зимородок тенью мелькнул над ним в серебряном небе — и пропал.

У Остропёра сразу прошла охота прыгать в небо. Он отправился дальше и скоро добрался до леса. В зарослях жёлтых водорослей он отыскал поляну — славное место для дома.

Остропёр сейчас же принялся за дело. Он забился с головой в мягкий ил и завертелся в нём волчком так шибко, что кусочки ила вихрем полетели во все стороны.

Получилась круглая ямка.

Остропёр выскочил из неё и... с размаху — бац носом прямо в живот другой колюшке!

Чужая колюшка тоже хотела строить себе дом на этой полянке. Теперь обе рыбки непременно должны были подраться: ведь спорить на словах они не умели.

Остропёр поставил торчком все свои пять колючек — три на спине, две на брюшке — и кинулся на врага.

Рыбки закружились над поляной.

Они старались задеть друг друга острыми, как иглы, колючками.

Наконец Остропёру удалось пырнуть чужую рыбку в бок. Рыбка — бежать. Остропёр — за ней и прогнал её далеко в лес.

Теперь он стал хозяином поляны и мог строить на ней дом.

Строил он одним ртом.

По всей поляне валялись брёвна: сломанные стебельки, корешки, травинки.

Но не всякое бревно годилось в постройку. Каждое Остропёр брал в рот и подкидывал кверху. Если брёвнышко было лёгкое, — его подхватывало течением, как ветром, и уносило в лес. Тяжёлое падало на землю.

В яму к себе Остропёр таскал только тяжёлые брёвна. Он накладывал их одно на другое и придавливал брюшком. Потом приносил во рту песок с горы и засыпал им брёвна. Чтобы стены вышли ещё прочней, он тёрся об них своими боками: всё тело его было покрыто липким клеем. А дырки между брёвнами он затыкал мхом.

Через три дня дом был готов. Это был очень прочный дом с круглой крышей и двумя дверями, как маленькая муфта.

Теперь Остропёру оставалось только залучить в дом хозяйку.

Но тут приключилась беда: с крутой горы на полянку поползла тоненькая струйка песку.

Струйка становилась всё шире, песок полз всё дальше и дальше — прямо на Остропёров дом.

Остропёр перепугался.

Он никак не мог понять: отчего вдруг песок пополз с горы и когда наконец перестанет?

А дело было просто. В берегу, как раз над Остропёровым домом, Зимородок рыл себе нору. Он не умел вить гнёзда на деревьях, как другие птицы. Он рыл и рыл песок носом, пока не зарылся глубоко в берег.

Там он устроил маленькую комнату — детскую — и тогда перестал рыть.

Перестал и песок сыпаться вниз с горы. Он не дошёл до Остропёрова дома, и Остропёр успокоился.

Теперь он отправился на смотрины — выбирать себе жену.

Он был очень красив тогда в своём праздничном весеннем наряде. Каждая чешуйка на нём отливала серебром, спина была синяя, живот и щёки — ярко-красные, глаза — голубые.

Хороши весной и самки колюшки: все в серебристо-голубых нарядах из тонких чешуек. Они стайкой гуляли в тростниковой роще.

Остропёр выбрал самую толстую и привёл её к своему дому.

Рыбка юркнула в дверь. Наружу торчал только её хвостик. Он дрожал и дрыгал: рыбка метала икру.

Вдруг она выскочила через другие двери и помчалась прочь. Теперь она была худая как щепка.

Остропёр заглянул в дом. Там на полу лежала целая груда икринок. Он полил их молоками.

Беглянку он не стал разыскивать; снова отправился в лес и привёл другую рыбку.

Но рыбки были все на один лад. Одна за другой они оставляли ему свою икру и удирали.

Скоро дом был набит доверху. Остропёр забил обе двери травой и стал сторожить икру.

Сторожить пришлось зорко. Здесь рыскали прожорливые чудовища: искали, где бы поживиться вкусной икоркой или маленькими рыбками.

Много раз на поляну заглядывали пучеглазые жуки-плавунцы.

Над домом проносились, извиваясь, как змеи, их отвратительные хищные личинки.

Но всего больше боялся Остропёр, когда с шумом и плеском разрывалось плоское небо. Сверху просовывался длинный, острый, как ножницы, клюв и — раз! — хватал зазевавшуюся рыбку. Это охотился Зимородок: он уносил свою добычу на берег и там съедал её. А тонкие рыбьи косточки он таскал к себе в нору и выстилал ими пол в спальне своих детей.

Остропёр то и дело поглядывал на небо. И, как только показывалась тень быстрых крыльев, он живо скрывался в лесу. Там Зимородку было не поймать его.

Но и в лесу было неспокойно. Хищные рыбы прятались в водорослях, стояли за корягами, стерегли добычу из засады.

Раз Остропёр отправился в лес поискать себе на обед червяков.

Вдруг из чащи на него выскочил большой окунь.

Остропёр успел прыгнуть в сторону, — и окунь пролетел мимо.

Когда он вернулся, маленький храбрец и не подумал бежать.

Ему надо было защищать свой дом: окунь легко мог найти и съесть икру.

Хищник уже разинул рот, чтобы с налёта проглотить смелого малыша. Тогда Остропёр неожиданно бросился вперёд и вбок.

Одна из колючек царапнула окуня по щеке. Это был ловкий удар. Всё тело окуня покрыто толстой чешуёй. В такой броне ему не страшны колючки. Но глаза и щёки его не защищены.

Окунь испугался, что Остропёр выколет ему глаз, и отступил.

* * *

Дни шли за днями.

Как-то утром Остропёр открыл обе двери своего дома и стал проветривать помещение. Он проделывал это каждый день, чтобы икра не покрывалась плесенью.

Он встал около двери и быстро-быстро замахал своими крылышками-плавниками. Лёгкие волны побежали через весь дом. Вдруг икринки одна за другой начали лопаться. Из икринок выходили крошечные рыбки. Они были совсем прозрачные, точно из стекла. У каждой под брюшком висел большой желточный пузырь. Слабенькие рыбки качались на своих пузырях, словно привязанные к поплавкам. Это у них были узелки с провизией: новорождённые колюшата питаются желтком, пока не выучатся ловить червяков.

Настало для Остропёра самое трудное время. Надо было пасти шалунов-ребятишек. А их было так много: целая сотня!

Тут ещё на беду появилась в лесу громадная щука. Щука эта была самым сильным, самым прожорливым и самым хитрым чудовищем. Она хвостищем поднимала со дна муть, кругом неё становилось темно, и не было видно, где она прячется.

И вот раз целая стайка Остропёровых ребятишек, шаля, удрала в лес. Остропёр живо загнал остальных колюшат в дом и кинулся за шалунами.

А щука уже заметила рыбёшек. Она разинула зубастую пасть и — хап! — проглотила разом полстайки колюшат. Хап! — и другая кучка исчезла в её широкой глотке.

Тут Остропёр сам кинулся в раскрытую пасть чудовища.

Но щука мигом запахнула рот. Ей совсем не хотелось глотать Остропёра: его острые, твёрдые иглы насквозь продырявили бы ей кишки. Другое дело — молодые колюшата: иглы у них ещё мягкие, как у новорождённого ёжика.

Осталось у Остропёра ещё много ребят. С каждым днём их пропадало всё больше и больше; то щуке попадутся, то окуню, то жукам. Но хлопот не убавлялось: чем меньше становились узелки под брюшком у рыбёшек, тем трудней было отцу поспевать за ребятами.

Они становились всё проворней.

Наконец молодые колюшки съели всю свою провизию в узелках и научились таскать червяков из-под камешков. Иглы их выросли и стали твёрдыми. Теперь они не нуждались больше в заботах отца: сами могли находить себе пищу и защищаться от врагов.

Последняя стайка ребят скрылась в лесу, и вот Остропёр остался один на поляне.

Яркие краски на его теле давно потускнели, весь он стал серый, худой и невзрачный. Он так устал, что забыл даже глядеть на небо: не мелькает ли там тень быстрых крыльев.

Вот тут-то и схватил его рыбий разбойник — Зимородок.

Быстро просунулись из серебряного неба острые ножницы, ущемили Остропёра поперёк тела и потащили вверх — в пустоту.

Ещё раз увидел Остропёр другое, синее-синее небо, мелькнули у него перед глазами высокие зелёные деревья. Потом круглый рот его широко раскрылся. Остропёр стал задыхаться, задыхаться, задыхаться... и вдруг почувствовал, что летит вниз.

Толстой Л.Н. «Птичка»

Толстой Л.Н. «Пожарные собаки»

Острые колючки и тут сослужили ему верную службу: Зимородок больно наколол себе об них глотку и выпустил свою добычу.

Я проходил в это время по берегу речки и видел, как он выронил рыбку из клюва. Она упала на песок как раз у моих ног.

Я поднял израненного Остропёра, отнёс к себе домой и посадил в банку из-под варенья.

Теперь Остропёр выздоровел. Он не так красив, как золотые рыбки, но куда интереснее их.

Когда придёт весна, я пущу к нему серебристо-голубых самок. Он сейчас же снова примется строить себе дом. И уж тут, в стеклянной банке, все мои гости могут видеть, как ловко это делает простая рыбка-колюшка и сколько трудов ей стоит выходить смешных маленьких колюшат с большим пузырём под брюшком.

ХИТРЫЙ ЛИС И УМНАЯ УТОЧКА

Осень. Хитрый Лис думает:

«Утки в отлёт собрались. Дай-ка схожу на речку — утятинкой раздобудусь».

Подкрался из-за куста, видит: правда, целая стая уток у берега. Одна Уточка стоит под самым кустом, лапкой перья в крыле перебирает.

Лис хвать её за крыло!

Со всех силёнок рванулась Уточка. Оставила перья у Лиса в зубах.

«Ах ты! — Лис думает. — Вырвалась как...»

Стая всполошилась, поднялась на крыло и улетела.

А эта Уточка осталась: крыло у неё сломано, перья вырваны.

Она спряталась в камышах, подальше от берега.

Ушёл Лис ни с чем.

* * *

Зима. Хитрый Лис думает:

«Замёрзло озеро. Теперь Уточка моя, никуда от меня не денется: по снегу куда ни пойдёт, — наследит, — по следу её и найду».

Пришёл на речку, — верно: лапки с перепонками наследили на снегу у берега. А сама Уточка под тем же кустом сидит, распушилась вся.

Тут ключ из-под земли бьёт, не даёт льду намёрзнуть, — тёплая полынья, и пар от неё идёт.

Кинулся Лис на Уточку, а Уточка — нырк от него! — И ушла под лёд.

«Ах ты!.. — Лис думает. — Утопилась ведь...»

Ушёл ни с чем.

* * *

Весна. Хитрый Лис думает:

«Тает лёд на речке. Пойду мёрзлой утятинкой полакомлюсь».

Пришёл, а Уточка плавает под кустом, — жива, здоровёхонька!

Она тогда нырнула под лёд и выскочила в полынью — под другим берегом: там тоже ключ был.

Так всю зиму и прожила.

«Ах ты!.. — Лис думает. — Стой же, сейчас за тобой в воду кинусь...»

— Зря, зря, зря! — закрякала Уточка.

Порх с воды — и улетела.

За зиму-то у неё крыло зажило и новые пёрышки отросли.

ПРИШВИН
МИХАИЛ МИХАЙЛОВИЧ

ЛИСИЧКИН ХЛЕБ

Однажды я проходил по лесу целый день и под вечер вернулся домой с богатой добычей. Снял я с плеч тяжёлую сумку и стал своё добро выкладывать на стол.

— Это что за птица? — спросила Зиночка.

— Терентий, — ответил я.

И рассказал ей про тетерева, как он живёт в лесу, как бормочет весной, как берёзовые почки клюёт, ягодки осенью в болотах собирает, зимой греется от ветра под снегом. Рассказал ей тоже про рябчика, показал ей, что серенький с хохолком, и посвистел в дудочку по-рябчиному и ей дал посвистеть. Ещё я высыпал на стол много белых грибов, и красных, и чёрных. Ещё у меня была в кармане кровавая ягодка костяника, и голубая черника, и красная брусника. Ещё я принёс с собой ароматный комочек сосновой смолы, дал понюхать девочке и сказал, что этой смолкой деревья лечатся.

— Кто же их там лечит? — спросила Зиночка.

— Сами лечатся, — ответил я. — Придёт, бывает, охотник, захочется ему отдохнуть, он и воткнёт топор в дерево и на топор сумку повесит, а сам ляжет под деревом. Поспит, отдохнёт. Вынет из дерева топор, сумку наденет, уйдёт. А из ранки от топора из дерева побежит эта ароматная смолка и ранку эту затянет.

Тоже нарочно для Зиночки принёс я разных чудесных трав по листику, по корешку, по цветочку: кукушкины слёзки, валерьянка, Петров крест, заячья капуста. И как раз под заячьей капустой лежал у меня кусок чёрного хлеба: со мной это постоянно бывает, что, когда не возьму хлеба в лес, — голодно, а возьму — забуду съесть и назад принесу. А Зиночка, когда увидала у меня под заячьей капустой чёрный хлеб, так и обомлела:

— Откуда же это в лесу взялся хлеб?

— Что же тут удивительного? Ведь есть же там капуста...

— Заячья...

— А хлеб лисичкин. Отведай.

Осторожно попробовала и начала есть.

— Хороший лисичкин хлеб.

И съела весь мой чёрный хлеб дочиста. Так и пошло у нас: Зиночка, капуля такая, часто и белый-то хлеб не берёт, а как я из леса лисичкин хлеб принесу, съест всегда его весь и похвалит:

— Лисичкин хлеб куда лучше нашего!

ЗОЛОТОЙ ЛУГ

У нас с братом, когда созревают одуванчики, была с ними постоянная забава. Бывало, идём куда-нибудь на свой промысел — он впереди, я в пяту.

«Серёжа!» — позову я его деловито. Он оглянется, а я фукну ему одуванчиком прямо в лицо. За это он начинает меня подкарауливать и тоже, как зазеваешься, фукнет. И так мы эти неинтересные цветы срывали только для забавы. Но раз мне удалось сделать открытие.

Мы жили в деревне, перед окном у нас был луг, весь золотой от множества цветущих одуванчиков. Это было очень красиво. Все говорили: «Очень красиво! Луг золотой». Однажды я рано встал удить рыбу и заметил, что луг был не золотой, а зелёный. Когда же я возвращался около полудня домой, луг был опять весь золотой. Я стал наблюдать. К вечеру луг опять позеленел. Тогда я пошёл, отыскал одуванчик, и оказалось, что он сжал свои лепестки, как всё равно если бы у нас пальцы со стороны ладони были жёлтые и, сжав в кулак, мы закрыли бы жёлтое. Утром, когда солнце взошло, я видел, как одуванчики раскрывают свои ладони и от этого луг становится опять золотым.

С тех пор одуванчик стал для нас одним из самых интересных цветов, потому что спать одуванчики ложились вместе с нами, детьми, и вместе с нами вставали.

ЁЖ

Раз шёл я по берегу нашего ручья и под кустом заметил ежа. Он тоже заметил меня, свернулся и затукал: тук-тук-тук. Очень похоже было, как если бы вдали шёл автомобиль.

Я прикоснулся к нему кончиком сапога — он страшно фыркнул и поддал своими иголками в сапог.

— А, ты так со мной! — сказал я и кончиком сапога спихнул его в ручей.

Мгновенно ёж развернулся в воде и поплыл к берегу, как маленькая свинья, только вместо щетины на спине были иголки. Я взял палочку, скатил ею ежа в свою шляпу и понёс домой.

Мышей у меня было много. Я слышал — ёжик их ловит, и решил: пусть он живёт у меня и ловит мышей.

Так положил я этот колючий комок посреди пола и сел писать, а сам уголком глаза всё смотрю на ежа. Недолго он лежал неподвижно: как только я затих у стола, ёжик развернулся, огляделся, туда попробовал идти, сюда, выбрал себе наконец место под кроватью и там совершенно затих.

Когда стемнело, я зажёг лампу, и — здравствуйте! — ёжик выбежал из-под кровати. Он, конечно, подумал про лампу, что это луна взошла в лесу: при луне ежи любят бегать по лесным полянкам. И так он пустился бегать по комнате, представляя, что это лесная полянка.

Я взял трубку, закурил и пустил возле луны облачко. Стало совсем как в лесу: и луна, и облако, а ноги мои были как стволы деревьев и, наверное, очень нравились ёжику: он так и шнырял между ними, понюхивая и почёсывая иголками задник у моих сапог.

Прочитав газету, я уронил её на пол, перешёл на кровать и уснул.

Сплю я всегда очень чутко. Слышу — какой-то шелест у меня в комнате. Чиркнул спичкой, зажёг свечку и только заметил, как ёж мелькнул под кровать.

А газета лежала уже не возле стола, а посредине комнаты. Так я и оставил гореть свечу и сам не сплю, раздумывая: «Зачем это ёжику газета понадобилась?» Скоро мой жилец выбежал из-под кровати — и прямо к газете; завертелся возле неё, шумел, шумел и наконец ухитрился: надел себе как-то на колючки уголок газеты и потащил её, огромную, в угол.

Тут я и понял его: газета ему была, как в лесу сухая листва, он тащил её себе для гнезда. И оказалось, правда: в скором времени ёж весь обернулся газетой и сделал себе из неё настоящее гнездо. Кончив это важное дело, он вышел из своего жилища и остановился против кровати, разглядывая свечу — луну.

Я подпустил облака и спрашиваю:

— Что тебе ещё надо?

Ёжик не испугался.

— Пить хочешь?

Я встал. Ёжик не бежит.

Взял я тарелку, поставил на пол, принёс ведро с водой и то налью воды в тарелку, то опять вылью в ведро, и так шумлю, будто это ручеек поплёскивает.

— Ну, иди, иди... — говорю. — Видишь, я для тебя и луну устроил, и облака пустил, и вот тебе вода...

Смотрю: будто двинулся вперёд. А я тоже немного подвинул к нему своё озеро.

Он двинется — и я двину, да так и сошлись.

— Пей, — говорю окончательно.

Он и залакал. А я так легонько по колючкам рукой провёл, будто погладил, и всё приговариваю:

— Хороший ты малый, хороший!

Напился ёж, я говорю:

— Давай спать.

Лёг и задул свечу. Вот не знаю, сколько я спал, слышу: опять у меня в комнате работа.

Зажигаю свечу — и что же вы думаете? Ёжик бежит по комнате, и на колючках у него яблоко. Прибежал в гнездо, сложил его там и за другим бежит в угол, а в углу стоял мешок с яблоками и завалился.

Вот ёж подбежал, свернулся около яблок, дёрнулся и опять бежит — на колючках другое яблоко тащит в гнездо.

Так вот и устроился у меня жить ёжик. А сейчас я, как чай пить, непременно его к себе на стол, и то молока ему налью в блюдечко — выпьет, то булочки дам — съест.

ЖУРКА

Раз было у нас — поймали мы молодого журавля и дали ему лягушку. Он её проглотил. Дали другую — проглотил. Третью, четвёртую, пятую, а больше тогда лягушек у нас под рукой не было.

— Умница! — сказала моя жена и спросила меня: — А сколько он может съесть их? Десять может?

— Десять, — говорю, — может.

— А ежели двадцать?

— Двадцать, — говорю, — едва ли...

Подрезали мы этому журавлю крылья, и стал он за женой всюду ходить. Она корову доить — и Журка с ней, она в огород — и Журке там надо, и тоже на полевые колхозные работы ходит с ней, и за водой.

Привыкла к нему жена, как к своему собственному ребёнку, и без него ей уже скучно, без него никуда. Но только ежели случится — нет его, крикнет только одно: «Фру-фру!», и он к ней бежит. Такой умница!

Так живёт у нас журавль, а подрезанные крылья его всё растут и растут.

Раз пошла жена за водой вниз, к болоту, и Журка за ней. Лягушонок небольшой сидел у колодца и прыг от Журки в болото. Журка за ним, а вода глубокая, и с берега до лягушонка не дотянешься. Мах-мах крыльями Журка и вдруг полетел. Жена ахнула — и за ним. Мах-мах руками, а подняться не может.

И в слёзы, и к нам: «Ах, ах, горе какое! Ах, ах!» Мы все прибежали к колодцу. Видим — Журка далеко, на середине нашего болота сидит.

— Фру-фру! — кричу я.

И все ребята за мной тоже кричат:

— Фру-фру!

И такой умница! Как только услыхал он это наше «фру-фру», сейчас мах-мах крыльями — и прилетел. Тут уж жена себя не помнит от радости, велит ребятам бежать скорее за лягушками.

В этот год лягушек было множество, ребята скоро набрали два картуза[1]. Принесли ребята лягушек, стали давать и считать. Дали пять — проглотил, дали десять — проглотил, двадцать и тридцать, — да так вот и проглотил за один раз сорок три лягушки.

ВЫСКОЧКА

Наша охотничья собака, лайка, приехала к нам с берегов Бии, и в честь этой сибирской реки так и назвали мы её Бией. Но скоро эта Бия почему-то у нас превратилась в Бьюшку, Бьюшку все стали звать Вьюшкой. Мы с ней мало охотились,

[1] Картýз — неформенная фуражка с козырьком.

но она прекрасно служила у нас сторожем при машине. Уйдёшь на охоту — и будь уверен: Вьюшка не пустит в машину врага.

Раз было, пришли мы с охоты, стали разводить машину, а Вьюшку пустили погулять. Весёлая собачка эта Вьюшка, всем нравится: ушки — как рожки, хвостик колечком, зубки беленькие, как чеснок. Достались ей от обеда две косточки. Получая подарок, Вьюшка развернула колечко своего хвоста и опустила его вниз поленом. Это у неё означало тревогу и начало бдительности, необходимой для защиты, — известно, что в природе на кости есть много охотников. С опущенным хвостом Вьюшка вышла на траву-мураву и занялась одной косточкой, другую же положила рядом с собой.

Тогда откуда ни возьмись сороки — скок-скок — и к самому носу собаки. Когда же Вьюшка повернула голову к одной, — хвать! — другая сорока с другой стороны — хвать! — и унесла косточку.

Дело было поздней осенью, и сороки вывода этого лета были совсем взрослые. Держались они тут всем выводком, в семь штук, и от своих родителей постигли все тайны воровства. Очень быстро они оклевали украденную косточку и недолго думая собрались отнять у собаки вторую.

Говорят, что в семье не без урода, то же оказалось и в сорочьей семье. Из семи сорок одна вышла не то чтобы совсем глупенькая, а как-то с заскоком и с пыльцой в голове. Вот сейчас то же было: все шесть сорок повели правильное наступление, большим полукругом, поглядывая друг на друга, и только одна Выскочка поскакала дуром.

— Тра-та-та-та-та! — застрекотали все сороки.

Это у них значило:

— Скачи назад, скачи, как надо, как всему сорочьему обществу надо.

— Тра-ля-ля-ля-ля! — ответила Выскочка.

Это у неё значило:

— Скачите, как надо, а я — как мне самой хочется.

Так за свой страх и риск Выскочка подскакала к самой Вьюшке в том расчёте, что Вьюшка, глупая, бросится на неё, выбросит кость, она же изловчится и кость унесёт.

Вьюшка, однако, замысел Выскочки хорошо поняла и не только не бросилась на неё, но, заметив Выскочку косым глазом, освободила кость и поглядела в противоположную сторону, где правильным полукругом, как бы нехотя — скок! И подумают, — наступали шесть умных сорок.

Вот это мгновение, когда Вьюшка отвернула голову, Выскочка улучила для своего нападения. Она схватила кость и даже успела повернуться в другую сторону, успела ударить по земле крыльями, поднять пыль из-под травы-муравы. И только бы ещё одно мгновение, чтобы подняться на воздух, только бы одно мгновеньишко! Вот только-только бы подняться сороке, как Вьюшка схватила её за хвост — и кость выпала...

Выскочка вырвалась, но весь радужный длинный сорочий хвост остался у Вьюшки в зубах и торчал из пасти её длинным острым кинжалом.

Видел ли кто-нибудь сороку без хвоста? Трудно даже вообразить, во что превращается эта блестящая, пёстрая и проворная воровка яиц, если ей оборвать хвост. Бывает, деревенские озорные мальчишки поймают слепня, воткнут ему в зад длинную соломинку и пустят эту крупную сильную муху лететь с таким длинным хвостом, — гадость ужасная! Ну, так вот, это — муха с хвостом, а тут — сорока без хвоста: кто удивился мухе с хвостом, ещё больше удивится сороке без хвоста. Ничего сорочьего не остаётся тогда в этой птице, и ни за что в ней не узнаешь не только сороку, а и какую-нибудь птицу: это просто шарик пёстрый с головкой.

Бесхвостая Выскочка села на ближайшее дерево, все другие шесть сорок прилетели к ней. И было видно по всему сорочьему стрекотанью, по всей суете, что нет в сорочьем быту большего сраму, как лишиться сороке хвоста.

ЛУГОВКА

Летят по весне журавли. Мы плуги налаживаем. В нашем краю старинная примета: в двенадцатый день после журавлей начинается пахота под яровое[1].

Пробежали вешние воды. Выезжаю пахать.

Наше поле лежит в виду озера. Видят меня белые чайки, слетаются. Грачи, галки — все собираются на мою борозду клевать червя. Спокойно так идут за мной во всю полосу белые и чёрные птицы, только чибис один, по-нашему, деревенскому, луговка, вот вьётся надо мной, вот кричит, беспокоится. Самки у луговок очень рано садятся на яйца. «Где-нибудь у них тут гнездо», — подумал я.

— Чьи вы, чьи вы? — кричит чибис.

— Я-то, — отвечаю, — свойский, а ты чей? Где гулял? Что нашёл в тёплых краях?

Так я разговариваю, а лошадь вдруг покосилась и — в сторону плуг вышел из борозды. Поглядел я туда, куда покосилась лошадь, и вижу — сидит луговка прямо на ходу у лошади. Я тронул коня, луговка слетела, и показалось на земле пять яиц. Вот ведь как у них: невитые гнёзда,

---

[1] Я р о в о́ е — пшеница, овёс, рожь, которые сеют весной и убирают осенью.

Толстой Л.Н. «О муравьях»

Бианки В.В. «Первая охота»

чуть только поцарапано, и прямо на земле лежат яйца, — чисто, как на столе.

Жалко стало мне губить гнездо: безобидная птица. Поднял я плуг, обнёс и яйца не тронул.

Дома рассказываю детишкам: так и так, что пашу я, лошадь покосилась, вижу — гнездо и пять яиц.

Жена говорит:

— Вот бы поглядеть!

— Погоди, — отвечаю, — будем овёс сеять, и поглядишь.

Вскоре после того вышел я сеять овёс, жена боронит[1]. Когда я дошёл до гнезда, остановился. Маню жену рукой. Она лошадь окоротила, подходит.

— Ну вот, — говорю, — любопытная, смотри.

Материнское сердце известное: подивилась, пожалела, что яйца лежат беззащитно, и лошадь с бороной обвела.

Так посеял я овёс на этой полосе и половину оставил под картошку. Пришло время сажать. Глядим мы с женой на то место, где было гнездо, — нет ничего: значит, вывела.

С нами в поле картошку садить увязался Кадошка. Вот эта собачонка бегает за канавой по лугу, мы не глядим на неё: жена садит, я запахиваю.

---

[1] Б о р о н и́ т ь — разрыхлять вспаханную землю бороно́й — специальным орудием с зубьями.

Вдруг слышим — во всё горло кричат чибисы. Глянули туда, а Кадошка-баловник гонит по лугу пятерых чибисёнков, серенькие, длинноногие, и уже с хохолками, и всё как следует, только летать не могут и бегут от Кадошки на своих на двоих. Жена узнала и кричит мне:

— Да ведь это наши!

Я кричу на Кадошку; он и не слушает — гонит и гонит.

Прибегают эти чибисы к воде. Дальше бежать некуда. «Ну, — думаю, — схватит их Кадошка!» А чибисы — по воде, и не плывут, а бегут. Вот диво-то!

Чик-чик-чик ножками — и на той стороне.

То ли вода ещё была холодная, то ли Кадошка ещё молод и глуп, только остановился он у воды и не может дальше. Пока он думал, мы с женой подоспели и отозвали Кадошку.

ФИЛИН

Ночью злой хищник филин охотится, днём прячется. Говорят, будто днём он плохо видит и оттого прячется. А по-моему, если бы он и хорошо видел, всё равно ему бы днём нельзя было никуда показаться — до того своими ночными разбоями нажил он себе много врагов.

Однажды я шёл опушкой леса. Моя небольшая охотничья собачка, породою спаниель, а по прозвищу Сват, что-то причуяла в большой куче хвороста. Долго с лаем бегал он вокруг кучи, не решаясь подлезть под неё.

— Брось! — приказал я. — Это ёж.

Так у меня собачка приучена: скажу «ёж», и Сват бросает.

Но в этот раз Сват не послушался и с ожесточением бросился на кучу и ухитрился подлезть под неё.

«Наверно, ёж», — подумал я.

И вдруг с другой стороны кучи, под которую подлез Сват, из-под неё выбегает на свет филин, ушастый, и огромных размеров и с огромными кошачьими глазами.

Филин на свету — это огромное событие в птичьем мире. Бывало, в детстве приходилось попадать в тёмную комнату — чего-чего там не покажется в тёмных углах, и больше всего я боялся чёрта. Конечно, это глупости, и никакого чёрта нет для человека. Но у птиц, по-моему, чёрт есть — это их ночной разбойник филин. И когда филин выскочил из-под кучи, то это было для птиц всё равно, как если бы у вас на свету чёрт показался.

Единственная ворона была, пролетала, когда филин, согнувшись, в ужасе перебегал из-под кучи под ближайшую ёлку. Ворона увидела разбойника, села на вершину этой ёлки и крикнула совсем особенным голосом:

— Кра!

До чего это удивительно у ворон! Сколько слов нужно человеку, а у них одно только «кра» — на все случаи, и в каждом случае это словечко, всего только в три буквы, благодаря разным оттенкам звука означает разное. В этом случае воронье «кра» означало, как если бы мы в ужасе крикнули:

— Чёр-р-р-р-рт!

Страшное слово прежде всего услыхали ближайшие вороны и, услыхав, повторили, и более отдалённые, услыхав, тоже повторили, и так в один миг несметная стая, целая туча ворон с криком: «Чёрт!» — прилетела и облепила высокую ёлку с верхнего сучка до нижнего.

Услыхав переполох в вороньем мире, тоже со всех сторон прилетели галки чёрные с белыми глазами и сойки бурые с голубыми крыльями, ярко-жёлтые, почти золотые иволги. Места всем не хватило на ёлке, много соседних деревьев покрылось птицами, и всё новые и новые прибывали: синички, гаечки, московки, трясогузки, пеночки, зорянки и разные подкрапивнички.

В это время Сват, не понимая, что филин давно уже выскочил из-под кучи и прошмыгнул под ёлку, всё там орал и копался под кучей. Вороны и все другие птицы глядели на кучу, все они ждали Свата, чтобы он выскочил и выгнал филина из-под ёлки.

Но Сват всё возился, и нетерпеливые вороны кричали ему слово:

— Кра!

В этом случае это означало просто:

— Дурак!

И наконец, когда Сват причуял свежий след и вылетел из-под кучи и, быстро разобравшись в следах, направился к ёлке, все вороны в один общий голос опять крикнули по-нашему:

— Кра!

А по-ихнему это значило:

— Правильно!

И когда филин выбежал из-под ёлки и стал на крыло, опять вороны крикнули:

— Кра!

И это теперь значило:

— Брать!

Все вороны поднялись с дерева, вслед за воронами все галки, сойки, иволги, дрозды, вертишейки, трясогузки, щеглы, синички, гаечки, московочки, и все эти птицы помчались тёмной тучей за филином, и все орали одно только:

— Брать, брать, брать!

Я забыл сказать, что, когда филин становился за крыло, Сват успел-таки вцепиться зубами в хвост, но филин рванулся, и Сват остался с филиновыми перьями и пухом в зубах.

Озлобленный неудачей, он помчался полем за филином и первое время бежал, не отставая от птиц.

— Правильно, правильно! — кричали ему некоторые вороны.

И так вся туча птиц скоро скрылась на горизонте, и Сват тоже исчез за перелеском. Чем всё кончилось, не знаю.

Сват вернулся ко мне только через час с филиновым пухом во рту.

И ничего не могу сказать, тот ли это пух у него остался, который взял он, когда филин на крыло становился, или же птицы доконали филина и Сват помогал им в расправе со злодеем.

Что не видал, то не видал, а врать не хочу.

ГАЕЧКИ

Мне попала соринка в глаз. Пока я её вынимал, в другой глаз ещё попала соринка.

Тогда я заметил, что ветер несёт на меня опилки и они тут же ложатся дорожкой в направлении ветра. Значит, в той стороне, откуда был ветер, кто-то работал над сухим деревом.

Я пошёл на ветер по этой белой дорожке опилок и скоро увидел, что это две самые маленькие синицы, гайки — сизые, с чёрными полосками на белых пухленьких щёчках, — работали носами по сухому дереву и добывали себе насекомых в гнилой древесине. Работа шла так бойко, что птички на моих глазах всё глубже и глубже уходили в дерево. Я терпеливо смотрел на них в бинокль, пока наконец от одной гаечки на виду остался лишь хвостик. Тогда я тихонечко зашёл с другой стороны, подкрался и то место, где торчит хвостик, покрыл ладонью. Птичка в дупле не сделала ни одного движения и сразу как будто умерла. Я принял ладонь, потрогал пальцем хвостик — лежит, не шевелится; погладил пальцем вдоль спинки — лежит как убитая. А другая гаечка сидела на ветке в двух-трёх шагах и попискивала. Можно было догадаться, что она убеждала подругу лежать как можно смирнее. «Ты, — говорила она, — лежи и молчи, а я буду около него пищать; он погонится за мной, я полечу, и ты тогда не зевай».

Я не стал мучить птичку, отошёл в сторону и наблюдал, что будет дальше. Мне пришлось стоять довольно долго, потому что свободная гайка видела меня и предупреждала пленную:

— Лучше полежи немного, а то он тут, недалеко, стоит и смотрит...

Так я очень долго стоял, пока наконец свободная гайка не пропищала совсем особенным голосом, как я догадываюсь:

— Вылезай, ничего не поделаешь: стоит.

Хвост исчез. Показалась головка с чёрной полоской на щеке. Пискнула:

— Где же он?

— Вон стоит, — пискнула другая. — Видишь?

— А, вижу! — пискнула пленница.

И выпорхнула. Они отлетели всего несколько шагов и, наверно, успели шепнуть друг другу:

— Давай посмотрим, может быть, он и ушёл.

Сели на верхнюю ветку. Всмотрелись.

— Стоит, — сказала одна.

— Стоит, — сказала другая.

И улетели.

СЛАДКОВ НИКОЛАЙ ИВАНОВИЧ

ДЯТЕЛ

Дятлу без носа — что нам без рук! Носом деревья выстукивает, носом шишки на кузнице разбивает. Дупло носом долбит, дырочки на берёзах пробивает — сладкий сок пьёт. Даже на «барабане» носом играет!

На все руки у дятла нос. Перышки носом чистит, муравейники разрывает, птенцов кормит. Дятлу без носа хуже, чем нам без рук.

НЕСЛУХ

Медведицы — строгие матери. А медвежата — неслухи. Пока ещё сосут — сами сзади бегают, в ногах путаются.

А подрастут — беда!

Да и медведицы сами со слабинкой: любят в холодке подремать. А весело ли медвежатам слушать их сонное сопение, когда кругом столько заманчивых шорохов, писков, песен!

От цветка к кусту, от куста к дереву — и забредут...

Вот такого неслуха, удравшего от матери, я однажды и встретил в лесу.

Я сидел у ручья и макал сухарь в воду. Был я голодный, а сухарь был жёсткий, потому трудился я над ним очень долго. Так долго, что лесным жителям надоело ждать, пока я уйду, и они стали вылезать из своих тайников.

Вот вылезли на пень два зверька-полчка. В камнях запищали мыши, — видно, подрались. И вдруг на поляну выскочил медвежонок. Медвежонок как медвежонок: головастый, губастый, неловкий.

Увидел медвежонок пень, взбрыкнул курдючком — и боком с подскоком прямо к нему. Полчки — в норку, да что за беда! Медвежонок хорошо помнил, какими вкусными вещами угощала его мать у каждого такого пня. Успевай только облизываться!

Обошёл мишка пень слева — никого нет. Заглянул справа — никого. Сунул нос в щель — полчками пахнет! Вылез на пень, поцарапал пень лапой. Пень как пень.

Растерялся мишка, притих. Оглянулся кругом. А кругом лес. Густой. Тёмный. В лесу шорохи.

Слез мишка с пня и потрусил дальше.

На пути камень. Повеселел мишка: дело знакомое! Подсунул лапу под камень, упёрся, нажал плечом. Поддался камень, пискнули под ним испуганные мышенята.

Бросил мишка камень — да обеими лапами под него. Поторопился: камень упал и придавил мишке лапу. Взвыл мишка, затряс больной лапой. Потом полизал, полизал её да и похромал дальше. Плетётся, по сторонам больше не глазеет, под ноги смотрит.

И видит: гриб. Пуглив стал мишка. Обошёл гриб кругом. Глазами видит: гриб, можно съесть. А носом чует: плохой гриб, нельзя есть! И есть хочется... и страшно!

Рассердился мишка — да как треснет по грибу здоровой лапой! Лопнул гриб. Пыль из него фонтаном жёлтая, едкая — прямо мишке в нос.

Это был гриб-пыхтун. Зачихал мишка, закашлял. Потом протёр глаза, сел на задок и завыл тихо-тихонечко.

А кто услышит? Кругом лес. Густой. Тёмный. В лесу шорохи.

И вдруг — плюх! Лягушка! Мишка правой лапой — лягушка влево. Мишка левой лапой — лягушка вправо.

Нацелился мишка, рванулся вперёд — и подмял лягушку под себя. Зацепил лапой, вытащил из-под брюха. Тут ему бы и съесть лягушку с аппетитом — первую свою добычу.

А ему, дурачку, только бы поиграть.

Повалился на спину, катается с лягушкой, сопит, взвизгивает, будто его под мышками щекочут.

То подкинет лягушку. То из лапы в лапу передаст. Играл, играл, да и потерял лягушку.

Обнюхал траву кругом — нет лягушки. Так и брякнулся мишка на задок, разинул рот, чтоб заорать, да и остался с открытым ртом: из-за кустов на него глядела старая медведица.

Медвежонок очень обрадовался своей мохнатой мамаше; уж она-то приласкает его и лягушку ему найдёт.

Жалостно скуля и прихрамывая, он потрусил ей навстречу. Да вдруг получил такую затрещину, что разом сунулся носом в землю.

Вот так приласкала!

Обозлился мишка, вскинулся на дыбки, рявкнул на мать. Рявкнул и опять покатился в траву — от оплеухи.

Видит: плохо дело! Вскочил — и бегом в кусты.

Медведица за ним.

Долго слышал я, как трещали сучья и как рявкал медвежонок от мамашиных затрещин.

«Ишь как уму да осторожности его учит!» — подумал я.

Убежали медведи, так меня и не заметили. А впрочем, кто их знает?

Кругом лес. Густой. Тёмный. В лесу шорохи.

Лучше уйти поскорей: ружья-то у меня нету.

ВЕЖЛИВАЯ ГАЛКА

Много у меня среди диких птиц знакомых. Воробья одного знаю. Он весь белый — альбинос. Его сразу отличишь в воробьиной стайке: все серые, а он белый.

Сороку знаю. Эту я по нахальству отличаю. Зимой, бывало, люди за окно продукты вывешивают, так она сейчас же прилетит и всё растреплет.

А вот галку одну я приметил за её вежливость.

Была метель.

Ранней весной бывают особые метели — солнечные. Снежные вихри завиваются в воздухе, всё сверкает и несётся! Каменные дома похожи на скалы. Наверху буран, с крыш, как с гор, текут снежные водопады. Сосульки от ветра растут в разные стороны, как косматая борода Деда Мороза.

А над карнизом, под крышей, есть укромное местечко. Там два кирпича из стены выпали. В этом углублении и устроилась моя галка. Чёрная вся, только на шейке серый воротничок.

Галка грелась на солнце, да ещё и расклевывала какой-то лакомый кусок. Уютное местечко!

Если бы этой галкой был я, я бы никому такое местечко не уступил!

И вдруг вижу — подлетает к моей большой галке другая, поменьше и цветом потусклее. Прыгскок по карнизу. Круть-верть хвостом! Села напротив моей галки и смотрит.

Ветер её треплет — так перья и заламывает, так белой крупой и сечёт!

Моя галка кусок свой схватила в клюв — и шасть из углубления на карниз! Тёпленькое местечко чужой уступила!

А чужая галка хвать у моей кусок из клюва — и на её тёпленькое местечко. Лапкой чужой кусок прижала — клюёт. Вот бессовестная!

Моя галка на карнизе — под снегом, на ветру, без еды. Снег её сечёт, ветер перья заламывает. А она, дура, терпит! Не выгоняет маленькую.

«Наверное, — думаю, — чужая галка очень старая, вот ей место и уступают. А может, это всем известная и всеми уважаемая галка? Или, может, она маленькая, да удаленькая — драчунья». Ничего я тогда не понял...

А недавно вижу: обе галки — моя и чужая — сидят себе рядышком на старой печной трубе и у обоих в клювах прутики.

Эге, гнездо строят! Тут уж каждый поймёт.

И маленькая галка совсем не старая и не драчунья. Да и не чужая она теперь. И уж, конечно, не всеми уважаемая.

А моя знакомая большая галка совсем не галка, а гал!

Но всё равно мой знакомый гал очень вежливый. Я такого первый раз вижу.

КАК МЕДВЕДЯ ПЕРЕВОРАЧИВАЛИ

Натерпелись птицы и звери от зимы лиха. Что ни день — метель, что ни ночь — мороз. Зиме конца-краю не видно. Разоспался Медведь в берлоге. Забыл, наверное, что пора ему на другой бок перевернуться.

Есть лесная примета: как Медведь перевернётся на другой бок — так солнце повернёт на лето.

Лопнуло у птиц и зверей терпение. Пошли Медведя будить:

— Эй, Медведь, пора! Зима всем надоела! По солнышку мы соскучились. Переворачивайся, переворачивайся, пролежни уж небось?

Медведь в ответ ни гугу: не шелохнётся, не ворохнётся. Знай посапывает.

— Эх, долбануть бы его в затылок! — воскликнул Дятел. — Небось бы сразу зашевелился!

— Не-ет, — промычал Лось, — с ним надо почтительно, уважительно. Ау, Михайло Потапыч! Услышь ты нас, слёзно просим и умоляем — перевернись ты, хоть не спеша, на другой бок! Жизнь не мила. Стоим мы, лоси, в осиннике, что коровы в стойле, — шагу в сторону не шагнуть. Снегу-то в лесу по уши! Беда, коли волки нас пронюхают.

Медведь ухом пошевелил, ворчит сквозь зубы:

— А мне какое до вас, лосей, дело! Мне снег глубокий только на пользу: и тепло, и спится спокойно.

Тут Белая Куропатка запричитала:

— А не стыдно, Медведь? Все ягоды, все кустики с почками снег закрыл — что нам клевать прикажешь? Ну что тебе стоит на другой бок перевернуться, зиму поторопить? Хоп — и готово!

А Медведь своё:

— Даже смешно! Зима вам надоела, а я с боку на бок переворачивайся! Ну какое мне дело до почек и ягод? У меня под шкурой сала запас.

Белка терпела-терпела — не вытерпела:

— Ах ты, тюфяк мохнатый, перевернуться ему, видишь ли, лень! А ты вот попрыгал бы по веткам мороженым, лапы до крови ободрал бы, как я!.. Переворачивайся, лежебока, до трёх считаю: раз, два, три!

Пришвин М.М. «Золотой луг»

Пришвин М.М. «Журка»

— Четыре, пять, шесть! — насмехается Медведь. — Вот напугала! А ну — кыш отседова! Спать мешаете.

Поджали звери хвосты, повесили птицы носы — начали расходиться. А тут из снега Мышка вдруг высунулась да как запищит:

— Такие большие, а испугались? Да разве с ним, куцехвостым, так разговаривать надо? Ни по-хорошему, ни по-плохому он не понимает. С ним по-нашенски надобно, по-мышиному. Вы меня попросите — я его мигом переверну!

— Ты, Медведя?! — ахнули звери.

— Одной левой лапкой! — похваляется Мышь.

Юркнула Мышь в берлогу — давай Медведя щекотать. Бегает по нему, коготками царапает, зубками прикусывает. Задёргался Медведь, завизжал поросёнком, ногами задрыгал.

— Ой, не могу! — завывает. — Ой, перевернусь, только не щекочи! О-хо-хо-хо! А-ха-ха-ха!

А пар из берлоги — как дым из трубы. Мышка высунулась и пищит:

— Перевернулся как миленький! Давно бы мне сказали.

Ну а как перевернулся Медведь на другой бок — так сразу солнце повернуло на лето. Что ни день — солнце выше, что ни день — весна ближе. Что ни день — светлей, веселей в лесу!

СИНИЧКА НЕОБЫКНОВЕННАЯ

Звонкоголосую и белощёкую нашу синицу называют большой или обыкновенной. Что большая, я с этим согласен: она больше других синиц: пухляков, московок, лазоревок. Но что она обыкновенная, с этим я не могу согласиться!

Она поразила меня с первой же встречи. А было это давным-давно. Она попалась в мой западок. Я взял её в руку, и она... умерла! Только что была живая и резвая, щипала с вывертами за пальцы — и вот умерла. Я растерянно разжал руку. Синичка неподвижно лежала на раскрытой ладони вверх лапками, и глаза затянулись белым. Я подержал её, подержал — и положил на пенёк. И только руку отвёл — синичка вскрикнула и улетела!

Какая же она обыкновенная, если такая необыкновенная обманщица! Захочет — умрёт, захочет — воскреснет.

Потом я узнал, что многие птицы впадают в какое-то странное оцепенение, если их положить спинкой вниз. Но у синички это получается лучше всех и часто спасает её от неволи.

ТРЯСОГУЗКИНЫ ПИСЬМА

У калитки в сад прибит почтовый ящик. Ящик самодельный, деревянный, с узкой щелью для писем. Почтовый ящик так долго висел на заборе, что доски его стали серыми и в них завёлся древоточец.

Осенью залетел в сад дятел. Прицепился к ящику, стукнул носом и сразу угадал: внутри древоточина! И у самой щели, в которую опускают письма, выдолбил круглую дырку.

А весной прилетела в сад трясогузка — тоненькая серенькая птичка с длинным хвостиком. Она вспорхнула на почтовый ящик, заглянула одним глазком в дыру, пробитую дятлом, и облюбовала ящик под гнездо.

Трясогузку эту мы прозвали Почтальоном. Не потому, что она поселилась в почтовом ящике, а потому, что она, как настоящий почтальон, стала приносить и опускать в ящик разные бумажки.

Когда же приходил настоящий почтальон и опускал в ящик письмо, перепуганная трясогузка вылетала из ящика и долго бегала по крыше, тревожно попискивая и качая длинным хвостиком. И мы уже знали: тревожится птичка — значит, есть нам письмо.

Скоро вывела наша почтальонша птенцов. Тревог и забот у неё на целый день: и кормить птенцов надо, и от врагов защищать. Стоило теперь почтальону только показаться на улице, как трясогузка уже летела ему навстречу, порхала у самой головы и тревожно пищала. Птичка хорошо узнавала его среди других людей.

Услыхав отчаянный писк трясогузки, мы выбегали навстречу почтальону и брали у него газеты и письма: мы не хотели, чтобы он тревожил птичку.

Птенцы быстро росли. Самые ловкие стали уже выглядывать из щели ящика, крутя носами и жмурясь от солнца. И однажды вся весёлая семейка улетела на широкие, залитые солнцем речные отмели.

А когда пришла осень, в сад опять прилетел бродяга-дятел. Он прицепился к почтовому ящику и носом своим, как долотом, так раздолбил дыру, что в неё можно было просовывать руку.

Я просунул руку в ящик и вынул из ящика все трясогузкины «письма». Были там сухие травинки, обрывки газет, клочки ваты, волосы, фантики от конфет, стружки.

За зиму ящик совсем одряхлел, для писем он уже не годился. Но мы его не выбрасываем: ждём возвращения серенького почтальона. Ждём, когда он опустит в наш ящик свое первое весеннее письмо.

СКРЕБИЦКИЙ ГЕОРГИЙ АЛЕКСЕЕВИЧ

КОТ ИВАНЫЧ

Жил у нас в доме огромный толстый кот — Иваныч: ленивый, неповоротливый. Целые дни он ел или спал. Бывало, залезет на тёплую лежанку, свернётся клубком и уснёт. Во сне лапы раскинет, сам вытянется, а хвост вниз свесит. Из-за этого хвоста Иванычу часто доставалось от нашего дворового щенка Бобки.

Он был очень озорной щенок. Как только дверь в дом откроют — шмыгнёт в комнаты прямо к Иванычу. Схватит его зубами за хвост, стащит на пол и везёт, как мешок. Пол гладкий, скользкий, Иваныч по нему словно по льду покатится. Спросонья сразу и не разберёт, в чём дело. Потом опомнится, вскочит, даст Бобке лапой по морде, а сам опять спать на лежанку отправится.

Иваныч любил улечься так, чтобы ему было и тепло и мягко. То к маме на подушку уляжется, той под одеяло заберётся. А однажды вот что натворил. Замесила мама тесто в кадушке и поставила на печку. Чтобы оно лучше поднялось, сверху ещё тёплым платком прикрыла. Прошло часа два. Мама пошла посмотреть — хорошо ли тесто поднимается. Глядит, а в кадушке, свернувшись калачиком, как на перине, Иваныч спит. Всё тесто примял и сам весь измазался. Так мы без пирогов и остались. А Иваныча вымыть пришлось.

Налила мама в таз тёплой воды, посадила туда кота и начала мыть. Мама моет, а он и не сердится — мурлычет, песни поёт. Вымыли его, вытерли и опять на печку спать положили.

Вообще Иваныч был очень ленивый кот, даже мышей не ловил. Иногда мышь скребётся где-нибудь рядом, а он внимания на неё не обращает.

Как-то зовёт меня мама в кухню:

— Погляди-ка, что твой кот делает!

Гляжу — Иваныч растянулся на полу и греется на солнышке, а рядом с ним целый выводок мышат гуляет: совсем крошечные, бегают по полу, собирают хлебные крохи, а Иваныч будто пасёт их — поглядывает да глаза от солнца жмурит. Мама даже руками развела:

— Что же это такое делается!

А я и говорю:

— Как — что? Разве не видишь? Иваныч мышей караулит. Наверное, мышка-мать попросила за ребятами присмотреть, а то мало ли что без неё может случиться.

Но иногда Иваныч любил ради развлечения и поохотиться. Через двор от нашего дома был хлебный амбар, в нём водилось много крыс. Проведал об этом Иваныч и отправился как-то после обеда на охоту.

Сидим мы у окна, вдруг видим — по двору бежит Иваныч, а во рту огромная крыса. Вскочил он в окно — прямо к маме в комнату! Разлёгся посреди пола, выпустил крысу, сам на маму смотрит: «Вот, мол, каков я охотник!»

Мама закричала, вскочила на стул, крыса под шкаф шмыгнула, а Иваныч посидел-посидел и спать себе отправился.

С тех пор Иванычу житья не стало. Утром встанет, вымоет лапой мордочку, позавтракает и отправится в амбар на охоту. Минуты не пройдёт, а он домой спешит, крысу тащит. Принесёт в комнату и выпустит. Потом уж мы так приладились: как он на охоту — сейчас все двери и окна запираем. Иваныч поносит, поносит крысу по двору и пустит, а она назад в амбар убежит. Или, бывало, задушит крысу и давай с нею играть: подбрасывает, лапами ловит, а то положит её перед собою и любуется.

Вот однажды играл он так — вдруг, откуда ни возьмись, две вороны. Сели неподалёку, начали вокруг Иваныча скакать, приплясывать. Хочется им крысу у него отнять — и страшновато. Скакали-скакали, потом одна как схватит сзади Иваныча клювом за хвост! Тот кубарем перевернулся да за вороной, а вторая подхватила крысу — и до свиданья! Так Иваныч ни с чем и остался.

Впрочем, Иваныч хотя крыс иногда и ловил, но никогда их не ел. Зато он очень любил полакомиться свежей рыбой. Как приду я летом с рыбалки, только поставлю ведёрко на лавку, а он уж тут как тут. Сядет рядом, запустит лапу в ведёрко, прямо в воду, и шарит там. Зацепит лапой рыбу, выкинет на лавку и съест. Иваныч даже повадился из аквариума рыбок таскать.

Как-то раз поставил я аквариум на пол, чтобы воду сменить, а сам ушёл на кухню за водой. Прихожу обратно, гляжу и глазам не верю: у аквариума Иваныч — на задние лапы привстал, а переднюю в воду запустил и рыбу, как из ведёрка, вылавливает. Трёх рыбок я потом недосчитался.

С этого дня с Иванычем просто беда: так от аквариума и не отходит. Пришлось сверху стеклом закрывать. А как забудешь, сейчас двух-трёх рыбок вытащит. Уж мы не знали, как его отучить от этого.

Но только, на наше счастье, Иваныч и сам очень скоро отучился.

Принёс я однажды с реки вместо рыбы в ведёрочке раков, поставил, как всегда, на лавку. Иваныч сразу прибежал — и прямо в ведро лапой. Да вдруг как потянет назад! Глядим — за лапу рак клешнями ухватился, а за ним — второй, а за вторым — третий... Все из ведёрка за лапой тащатся, усами шевелят, клешнями щёлкают. Тут Иваныч глазищи от страха вытаращил, шерсть дыбом поднялась: «Что за рыба такая?»

Тряхнул лапой, так все раки на пол посыпались, а сам Иваныч хвост трубой — и марш в окно. После этого даже близко к ведёрку не подходил и в аквариум перестал лазить. Вот как напугался!

Кроме рыбок, у нас в доме было много разной живности: птицы, морские свинки и ёж, зайчата... Но Иваныч никогда никого не трогал. Он был очень добрый кот, дружил со всеми животными. Только с ежом Иваныч вначале не мог ужиться.

Этого ежа я принёс из леса и пустил в комнате на пол. Ёжик сначала лежал, свернувшись в клубок, а потом развернулся и забегал по комнате. Иваныч очень заинтересовался зверьком. Дружелюбно подошёл к нему и хотел обнюхать. Но ёж, видимо, не понял доброго намерения Иваныча — он растопырил колючки, подскочил и пребольно кольнул Иваныча в нос.

После этого Иваныч стал упорно избегать ежа. Стоило тому вылезти из-под шкафа, как Иваныч поспешно вскакивал на стул или на окно и никак не хотел спускаться вниз.

Но вот как-то раз после обеда мама налила Иванычу в блюдечко супа и поставила его на коврик. Кот сел около блюдца поудобнее, начал лакать. Вдруг мы видим — из-под шкафа вылезает ёжик. Вылез, носиком потянул, прямо направился к блюдцу. Подошёл и тоже за еду принялся. А Иваныч не убегает — видно, проголодался, косится на ежа, а сам торопится, пьёт.

Так вдвоём всё блюдечко и вылакали.

С этого дня мама начала их каждый раз вместе кормить. И ведь как они хорошо к этому приладились! Стоит только маме половником о блюдечко стукнуть, а они уже бегут. Усядутся рядышком и едят. Ёжик мордочку вытянет, колючки приложит, гладенький такой. Иваныч его совсем перестал опасаться. Так и подружились.

За добрый нрав Иваныча мы все его очень любили. Нам казалось, что по своему характеру и уму он больше походил на собаку, чем на кошку. Он и бегал за нами, как собака: мы на огород — и он за нами, мама в магазин — и он следом за ней бежит. А возвращаемся вечером с реки или из городского сада — Иваныч уж на лавочке возле дома сидит, будто нас дожидается.

Как увидит меня или Серёжу, сразу подбежит, начнёт мурлыкать, об ноги тереться и вслед за нами скорее домой спешит.

Дом, где мы жили, стоял на самом краю городка. В нём мы прожили несколько лет, а потом переехали в другой, на той же улице.

Переезжая, мы очень опасались, что Иваныч не уживётся на новой квартире и будет убегать на старое место. Но наши опасения оказались совершенно напрасны.

Попав в незнакомое помещение, Иваныч начал всё осматривать, обнюхивать, пока наконец не добрался до маминой кровати. Тут уж, видимо, он сразу почувствовал, что всё в порядке, вскочил на постель и улёгся. А когда в соседней комнате застучали ножами и вилками, Иваныч мигом примчался к столу и уселся, как обычно, рядом с мамой. В тот же день он осмотрел новый двор и сад, даже посидел на лавочке перед домом. Но на старую квартиру так и не ушёл.

Значит, не всегда верно, когда говорят, что собака людям верна, а кошка — дому! Вот у Иваныча вышло совсем наоборот.

ПУШОК

В доме у нас жил ёжик, он был ручной. Когда его гладили, он прижимал к спине колючки и делался совсем мягким. За это мы его прозвали Пушок.

Если Пушок бывал голоден, он гонялся за мной, как собака. При этом ёж пыхтел, фыркал и кусал меня за ноги, требуя еды.

Летом я брал Пушка с собой гулять в сад. Он бегал по дорожкам, ловил лягушат, жуков, улиток и с аппетитом их съедала.

Когда наступила зима, я перестал брать Пушка на прогулки, держал его дома. Кормили мы теперь Пушка молоком, супом, мочёным хлебом. Наестся, бывало, ёжик, заберётся за печку, свернётся клубочком и спит. А вечером вылезет и начнёт по комнатам бегать. Всю ночь бегает, лапками топает, всем спать мешает. Так он у нас в доме больше половины зимы прожил и ни разу на улице не побывал.

Но вот собрался я как-то на санках с горы кататься, а товарищей во дворе нет. Я и решил взять с собою Пушка. Достал ящичек, настелил туда сена и посадил ежа, а чтобы ему теплей было, сверху тоже сеном закрыл. Ящик поставил в санки и побежал к пруду, где мы всегда катались с горы.

Я бежал во весь дух, воображая себя конём, и вёз в санках Пушка.

Было очень хорошо: светило солнце, мороз щипал уши, нос. Зато ветер совсем утих, так что дым из деревенских труб не клубился, а прямыми столбами упирался в небо.

Я смотрел на эти столбы, и мне казалось, что это вовсе не дым, а с неба спускаются толстые синие верёвки и внизу к ним привязаны за трубы маленькие игрушечные домики.

Накатался я досыта с горы, повёз санки с ежом домой. Везу — вдруг навстречу ребята: бегут в деревню смотреть убитого волка. Его только что туда охотники привезли.

Я поскорее поставил санки в сарай и тоже за ребятами в деревню помчался. Там мы пробыли до самого вечера. Глядели, как с волка снимали шкуру, как её расправляли на деревянной рогатине.

О Пушке я вспомнил только на другой день. Очень испугался, не убежал ли он куда. Сразу бросился в сарай, к санкам. Гляжу — лежит мой Пушок, свернувшись, в ящичке и не двигается. Сколько я его ни тряс, ни тормошил, он даже не пошевелился. За ночь, видно, совсем замёрз и умер.

Побежал я к ребятам, рассказал о своём несчастье. Погоревали все вместе, да делать нечего, и решили похоронить Пушка в саду, закопать в снег в том самом ящике, в котором он умер.

Целую неделю мы все горевали о бедном Пушке. А потом мне подарили живого сыча — его поймали у нас в сарае. Он был дикий. Мы стали его приручать и забыли о Пушке.

Но вот наступила весна, да какая тёплая! Один раз утром отправился я в сад: там весной особенно хорошо — зяблики поют, солнце светит, кругом лужи огромные, как озёра. Пробираюсь осторожно по дорожке, чтобы не начерпать грязи в калоши. Вдруг впереди, в куче прошлогодних листьев, что-то завозилось. Я остановился. Кто это — зверёк? Какой? Из-под тёмных листьев показалась знакомая мордочка, и чёрные глазки глянули прямо на меня.

Не помня себя, я бросился к зверьку. Через секунду я уже держал в руках Пушка, а он обнюхивал мои пальцы, фыркал и тыкал мне в ладонь холодным носиком, требуя еды.

Тут же на земле валялся оттаявший ящичек с сеном, в котором Пушок благополучно проспал всю зиму. Я поднял ящичек, посадил туда ежа и торжественно принёс домой.

ВОРИШКА

Однажды нам подарили молодую белку. Она очень скоро стала совсем ручная, бегала по всем комнатам, лазила на шкафы, этажерки, да так ловко — никогда ничего не уронит, не разобьёт.

В кабинете у отца над диваном были прибиты огромные оленьи рога. Белка часто по ним лазила: заберётся, бывало, на рог и сидит на нём, как на сучке дерева.

Нас, ребят, она хорошо знала. Только войдёшь в комнату, белка прыг откуда-нибудь со шкафа прямо на плечо. Это значит — она просит сахару или конфетку. Очень любила сладкое. Конфеты и сахар у нас в столовой, в буфете лежали. Их никогда не запирали, потому что мы, дети, без спросу ничего не брали.

Но вот как-то зовёт мама нас всех в столовую и показывает пустую вазочку:

— Кто же это конфеты отсюда взял?

Мы глядим друг на друга и молчим — не знаем, кто из нас это сделал. Мама покачала головой и ничего не сказала. А на следующий день сахар из буфета пропал, и опять никто не сознался, что взял. Тут уж и отец рассердился, сказал, что теперь всё будет запирать, а нам всю неделю ничего не даст.

И белка заодно с нами без сладкого осталась.

Вспрыгнет, бывало, на плечо, мордочкой о щёку трётся, за ухо зубами дёргает — просит сахару. А где его взять?

Один раз после обеда сидел я тихонько на диване в столовой и читал. Вдруг вижу: белка вскочила на стол, схватила в зубы корочку хлеба — и на пол, а оттуда на шкаф. Через минуту, смотрю, опять на стол забралась, схватила вторую корочку — и опять на шкаф.

«Постой, — думаю, — куда это она хлеб всё носит?» Поставил я стул, заглянул в шкаф. Вижу — старая мамина шляпа лежит. Приподнял я её — вот тебе раз! Чего-чего только под нею нет: и сахар, и конфеты, и хлеб, и разные косточки...

Я — прямо к отцу, показываю: «Вот кто у нас воришка!»

А отец рассмеялся и говорит:

— Как же это я раньше не догадался! Ведь это наша белка на зиму себе запасы делает. Теперь осень, на воле все белки корм запасают, ну и наша не отстаёт, тоже запасается.

После такого случая перестали от нас запирать сладкое, только к буфету крючок приделали, чтобы белка туда залезть не могла. Но белка на этом не успокоилась, всё продолжала запасы на зиму готовить. Найдёт корочку хлеба, орехи

Пришвин М.М. «Филин»

Житков Б.С. «Как слон спас хозяина от тигра»

или косточку — сейчас схватит, убежит и запрячет куда-нибудь.

А то ходили мы как-то в лес за грибами. Пришли поздно вечером, усталые, поели — и скорее спать. Кошёлку с грибами на окне оставили: прохладно там, не испортятся до утра.

Утром встаём — вся корзина пустая. Куда же грибы делись? Вдруг отец из кабинета кричит, нас зовёт. Прибежали к нему, глядим — все оленьи рога над диваном грибами увешаны. И на крючке для полотенца, и за зеркалом, и за картиной — всюду грибы. Это белка ранёхонько утром постаралась: развесила грибы себе на зиму посушить!

В лесу белки всегда осенью грибы на сучьях сушат. Вот и наша поспешила. Видно, почуяла зиму.

Скоро и вправду наступили холода. Белка всё старалась забраться куда-нибудь в уголок, где бы потеплее, а как-то раз она и вовсе пропала. Искали, искали её — нигде нет. Наверное, убежала в сад, а оттуда в лес.

Жалко нам стало белочки, да ничего не поделаешь.

Собрались топить печку, закрыли отдушник, наложили дров, подожгли. Вдруг в печке как завозится что-то, зашуршит! Мы отдушник поскорее открыли, а оттуда белка пулей выскочила — и прямо на шкаф.

А дым из печки в комнату так и валит, в трубу никак не идёт. Что такое? Брат сделал из толстой проволоки крючок и просунул его через отдушину в трубу, чтобы узнать, нет ли там чего.

Глядим — тащит из трубы галстук, мамину перчатку, даже бабушкину праздничную косынку там разыскал.

Всё это наша белка себе для гнезда в трубу затащила. Вот ведь какая! Хоть и в доме живёт, а лесные повадки не оставляет. Такова уж, видно, их беличья натура.

АИСТЯТА

Один год мы прожили на Украине, в небольшой станице, среди сплошных вишнёвых садов.

Неподалёку от нашего дома росло старое дерево. И вот однажды ранней весной на него прилетел и уселся аист. Он долго что-то осматривал, неуклюже переступая на своих длинных ногах по толстому суку. Потом улетел.

А на следующее утро мы увидели, что на дереве хлопотали уже два аиста.

Они устраивали гнездо.

Скоро гнездо было готово. Аистиха снесла туда яйца и стала их высиживать. А аист то улетал за кормом на болото, то стоял около гнезда на суке, поджав под себя одну ногу. Так, на одной ноге, он мог простоять очень долго, даже мог немного вздремнуть.

Когда в гнезде вывелись аистята, для старых аистов начались большие хлопоты. Птенцы были очень прожорливы. Они целый день требовали еды, и аисты-родители по очереди с утра до вечера таскали им из болота лягушек, рыбёшек, ужей.

Пока один из аистов летал за кормом, другой стоял на краю гнезда — караулил птенцов. Как только он замечал подлетавшего к гнезду второго аиста, он закидывал голову на спину и громко трещал клювом, словно трещоткой. Ведь аисты кричать не умеют и приветствуют друг друга, часто-часто щёлкая клювом.

Прилетевший отдавал добычу детям и садился отдыхать у гнезда, а другой аист тут же улетал охотиться за лягушками на болото.

Так аисты целые дни по очереди кормили птенцов. А когда те подросли и стали ещё прожорливее, тут уж оба родителя начали вместе летать и добывать детям корм.

Прошло ещё недели полторы, и вдруг один из аистов-родителей исчез. Что с ним случилось, неизвестно: может, его убили, а может, и сам от чего-нибудь погиб.

Вот когда настала трудная пора для оставшегося аиста! Птенцы стали уже совсем большими. Их было трое, и они требовали очень много еды.

Как только начинало светать, аист уже спешил на болото за добычей, приносил её, совал в рот одному из птенцов и, не отдыхая ни минуты, летел обратно на охоту.

Так он трудился до позднего вечера.

Нам было очень жаль бедную птицу, но мы не знали, чем ей помочь.

Один раз мы пошли ловить на речку рыбу. Возвращаемся домой и видим, что все три аистёнка тянут из гнезда свои длинные шеи, открывают клювы и просят есть. А аиста около гнезда нет. Значит, на болоте лягушек ловит.

— Что, если попробовать их рыбой покормить? — предложил мой товарищ.

В тот же миг мы залезли на дерево. Увидев нас, аистята заволновались, засуетились, чуть из гнезда не попадали.

Но вот один из них заметил в руках у меня рыбёшку. Аистёнок потянулся к ней, схватил клювом и проглотил. Другие сейчас же последовали его примеру.

Мы отдали аистятам всю нашу рыбу, слезли с дерева и тут только увидели старого аиста. Он поспешно подлетел к гнезду и стал беспокойно осматривать, всё ли там в порядке.

С этих пор мы каждый день начали кормить аистят: ловили специально для них рыбок и лягушек.

Аистята очень быстро смекнули, в чём дело. Как только мы влезали на дерево, они все разом тянули к нам из гнезда свои длинные шеи и раскрывали рты, прося, чтобы мы их накормили.

Наконец наши питомцы совсем выросли. Они покрылись перьями и начали вылетать из гнезда. И тут нам от них просто житья не стало — аистята не давали нам проходу. Стоило только показаться на дворе, как они слетали с гнезда и опрометью бросались к нам, требуя еды.

А взрослый аист как будто понял, что и без него дело обойдётся: всё реже и реже приносил детям корм. Большую часть дня он или бродил по болоту, поедая лягушек, или дремал на дереве возле гнезда. Аист дремал на дереве, а в это время аистята гонялись за нами по двору, требуя еды.

Однажды они увязались с нами на болото. Там было много лягушек. Аистята начали ловить их сами и вовсе забыли про нас. С этого дня они каждое утро стали летать на болото — охотиться за лягушатами и другой добычей.

Лето кончалось. Все аисты собирались в стаи, готовясь к отлёту. Наши тоже перестали ночевать на дереве у гнезда — наверное, примкнули к какой-нибудь стае, и мы уже начали забывать о своих питомцах.

Но вот как-то раз идём мы с рыбной ловли домой. Смотрим — по лугу разгуливает стая аистов. Заметили нас, насторожились — сейчас полетят. Вдруг видим — от стаи отделяются три аиста и направляются прямо к нам.

— Да это же наши аистята! — обрадовались мы и начали манить их рыбой.

И вот эти большие дикие птицы подбежали к нам, захлопали крыльями, засуетились — так и хватают рыбу из рук! Схватит рыбёшку клювом, подбросит вверх, перехватит поудобнее и проглотит, а потом от удовольствия даже голову на спину закинет и клювом защёлкает.

Наши аисты рыбу из рук едят, а вся стая издали смотрит. Шеи вытянули, глядят — ничего, видно, понять не могут.

Наелись аистята, клювами в благодарность похлопали и обратно к стае вернулись. А мы домой пошли.

Больше мы их не видели.

Холодно стало. Улетели они на тёплый юг.

ЖИТКОВ БОРИС СТЕПАНОВИЧ

КАК СЛОН СПАС ХОЗЯИНА ОТ ТИГРА

У индусов есть ручные слоны. Один индус пошёл со слоном в лес по дрова.

Лес был глухой и дикий. Слон протаптывал хозяину дорогу и помогал валить деревья, а хозяин грузил их на слона.

Вдруг слон перестал слушаться хозяина, стал оглядываться, трясти ушами, а потом поднял хобот и заревел.

Хозяин тоже оглянулся, но ничего не заметил.

Он стал сердиться на слона и бить его по ушам веткой.

А слон загнул хобот крючком, чтоб поднять хозяина на спину. Хозяин подумал: «Сяду ему на шею — так мне ещё удобней будет им править».

Он уселся на слоне и стал веткой хлестать слона по ушам. А слон пятился, топтался и вертел хоботом. Потом замер и насторожился.

Хозяин поднял ветку, чтоб со всей силы ударить слона, но вдруг из кустов выскочил огромный тигр. Он хотел напасть на слона сзади и вскочить на спину.

Но он попал лапами на дрова, дрова посыпались. Тигр хотел прыгнуть другой раз, но слон уже повернулся, схватил хоботом тигра поперёк живота, сдавил как толстым канатом. Тигр раскрыл рот, высунул язык и мотал лапами.

А слон уж поднял его вверх, потом шмякнул оземь и стал топтать ногами.

А ноги у слона — как столбы. И слон растоптал тигра в лепёшку. Когда хозяин опомнился от страха, он сказал:

— Какой я дурак, что бил слона! А он мне жизнь спас.

Хозяин достал из сумки хлеб, что приготовил для себя, и весь отдал слону.

ОХОТНИК И СОБАКИ

Рано утром встал охотник, взял ружьё, патроны, сумку, позвал своих двух собак и пошёл стрелять зайцев. Был сильный мороз, но ветра совсем не было. Охотник шёл на лыжах и разогрелся от ходьбы. Ему было тепло. Собаки забегали вперёд и выгоняли на охотника зайцев. Охотник ловко стрелял и набил пять штук. Тут он заметил, что зашёл далеко. «Пора и домой, — подумал охотник. — От моих лыж видны следы, и, пока не стемнело, я по следам дойду домой. Перейду овраг, а там уже недалеко». Он спустился вниз и увидел, что в овраге черным черно от галок. Они сидели прямо на снегу. Охотник понял, что дело неладно. И верно: он только вышел из оврага, как задул ветер, пошёл снег, и началась метель. Впереди ничего не было видно, следы запорошило снегом. Охотник свистнул собак. «Если собаки не выведут меня на дорогу, — подумал он, — я пропал. Куда идти, я не знаю, заблужусь, занесёт меня снегом, и я замёрзну».

Пустил он собак вперёд, а собаки отбегут пять шагов — и охотнику не видно, куда за ними идти. Тогда он снял пояс, отвязал все ремешки и верёвки, какие на нём были, привязал собак за ошейник и пустил вперёд. Собаки его потащили, и он на лыжах, как на санях, приехал к себе в деревню.

Он дал каждой собаке по целому зайцу, потом разулся и лёг на печь. А сам всё думал:

«Кабы не собаки, пропал бы я сегодня».

ВОЛК

Один колхозник проснулся рано утром, посмотрел в окно на двор, а на дворе у него волк. Волк стоял около хлева и скрёб лапой дверь. А в хлеву стояли овцы. Колхозник схватил лопату — и во двор. Он хотел сзади ударить волка по голове. Но волк вмиг повернулся и поймал лопату зубами за ручку. Колхозник стал вырывать у волка лопату. Не тут-то было! Волк так крепко уцепился зубами, что не вырвать. Колхозник стал звать на помощь, а дома спят, не слышат. «Ну, — думает колхозник, — не век же волк лопату держать будет; а как выпустит, я ему лопатой голову проломаю». А волк стал зубами ручку перебирать и всё ближе и ближе к колхознику... «Пустить лопату? — думает колхозник. — Волк тоже лопату бросит да на меня. Я и убежать не успею».

А волк всё ближе и ближе. Видит колхозник: дело плохо — этак волк скоро за руку схватит. Собрался колхозник со всею силой да как швырнёт волка вместе с лопатой через забор да скорей в избу. Убежал волк. А колхозник дома всех разбудил.

— Ведь меня, — говорит, — у вас под окном чуть волк не заел. Эко спите!

— Как же, — спрашивает жена, — ты управился?

— А я, — говорит колхозник, — его за забор выкинул.

Посмотрела жена, а за забором лопата, вся волчьими зубами изгрызена.

ГАЛКА

У брата с сестрой была ручная галка. Она ела из рук, давалась гладить, улетала на волю и назад прилетала.

Вот раз сестра стала умываться. Она сняла с руки колечко, положила на умывальник и намылила лицо мылом. А когда она мыло сполоснула, — поглядела: где колечко? А колечка нет.

Она крикнула брату:

— Отдай колечко, не дразни! Зачем взял?

— Ничего я не брал, — ответил брат.

Сестра поссорилась с ним и заплакала.

Бабушка услыхала.

— Что у вас тут? — говорит. — Давайте мне очки, сейчас я это кольцо найду.

Бросились искать очки — нет очков.

— Только что на стол их положила, — плачет бабушка. — Куда им деться? Как я теперь в иголку вдену?

И закричала на мальчика:

— Твои это дела! Зачем бабушку дразнишь?

Обиделся мальчик, выбежал из дому. Глядит, — а над крышей галка летает и что-то у ней под клювом блестит. Пригляделся — да это очки! Спрятался мальчик за дерево и стал глядеть. А галка села на крышу, огляделась, не видит ли кто, и стала очки на крыше клювом в щель запихивать.

Вышла бабушка на крыльцо, говорит мальчику:

— Говори, где мои очки?

— На крыше! — сказал мальчик.

Удивилась бабушка. А мальчик полез на крышу и вытащил из щели бабушкины очки. Потом вытащил оттуда и колечко. А потом достал стёклышек, потом разных денежек много штук.

Обрадовалась бабушка очкам, а сестра колечку и сказала брату:

— Ты меня прости, я ведь на тебя подумала, а это галка-воровка.

И помирились с братом.

Бабушка сказала:

— Это всё они, галки да сороки. Что блестит, всё тащат.

Содержание

Литературно-художественное издание
Для среднего школьного возраста

әдеби-көркем басылым
орта мектеп жасындағы балаларға арналған

КНИГИ ДЛЯ ВНЕКЛАССНОГО ЧТЕНИЯ

РАССКАЗЫ О ЖИВОТНЫХ
(орыс тілінде)

Художники *В. Канивец, Я. Хорева, С. Яровой*

Ответственный редактор *О. Зозуля*
Художественный редактор *И. Лапин*
Художественное оформление *А. Мануйлов*
Технический редактор *М. Печковская*
Компьютерная верстка *Л. Панина*
Компьютерная графика *А. Кашлев*
Корректор *И. Гончарова*

Соответствует техническому регламенту ТР ТС 007/2011
КО ТР 007/2011 техникалық регламентіне сәйкес келеді

Страна происхождения: Российская Федерация
Шығарылған елі: Ресей Федерациясы

ООО «Издательство «Эксмо»
123308, Россия, город Москва, улица Зорге, дом 1, строение 1, этаж 20, каб. 2013.
Тел.: 8 (495) 411-68-86.
Home page: www.eksmo.ru E-mail: info@eksmo.ru
Өндіруші: «ЭКСМО» АҚБ Баспасы,
123308, Ресей, қала Мәскеу, Зорге көшесі, 1 үй, 1 ғимарат, 20 қабат, офис 2013 ж.
Тел.: 8 (495) 411-68-86.
Home page: www.eksmo.ru E-mail: info@eksmo.ru.
Тауар белгісі: «Эксмо»
Интернет-магазин : www.book24.ru

6-

Интернет-магазин : www.book24.kz
Интернет-дүкен : www.book24.kz
Импортёр в Республику Казахстан ТОО «РДЦ-Алматы».
Қазақстан Республикасындағы импорттаушы «РДЦ-Алматы» ЖШС.
Дистрибьютор и представитель по приему претензий на продукцию,
в Республике Казахстан: ТОО «РДЦ-Алматы»
Қазақстан Республикасында дистрибьютор және өнім бойынша арыз-талаптарды қабылдаушының өкілі «РДЦ-Алматы» ЖШС,
Алматы қ., Домбровский көш., 3«а», литер Б, офис 1.
Тел.: 8 (727) 251-59-90/91/92; E-mail: RDC-Almaty@eksmo.kz
Өнімнің жарамдылық мерзімі шектелмеген.
Сертификация туралы ақпарат сайтта: www.eksmo.ru/certification

0+

Сведения о подтверждении соответствия издания согласно законодательству РФ о техническом регулировании можно получить на сайте Издательства «Эксмо»
www.eksmo.ru/certification
Өндірген мемлекет: Ресей. Сертификация қарастырылған

Дата изготовления / Подписано в печать 16.12.2022. Формат 60x90 $^{1}/_{16}$.
Гарнитура «TextBookC». Печать офсетная. Бумага офсетная. Усл. печ. л. 7,0 + вкл.
Тираж 7000 экз. Заказ 4073/22.

Отпечатано в АО "Можайский полиграфический комбинат"
143200, Россия, г. Можайск, ул. Мира, 93
www.oaompk.ru, тел.: (49638) 20-685

Москва. ООО «Торговый Дом «Эксмо»
Адрес: 123308, г. Москва, ул. Зорге, д.1, строение 1.
Телефон: +7 (495) 411-50-74. **E-mail:** reception@eksmo-sale.ru

По вопросам приобретения книг «Эксмо» зарубежными оптовыми покупателями обращаться в отдел зарубежных продаж ТД «Эксмо»
E-mail: **international@eksmo-sale.ru**

International Sales: International wholesale customers should contact Foreign Sales Department of Trading House «Eksmo» for their orders.
international@eksmo-sale.ru

По вопросам заказа книг корпоративным клиентам, в том числе в специальном оформлении, обращаться по тел.: +7 (495) 411-68-59, доб. 2261.
E-mail: **ivanova.ey@eksmo.ru**

Оптовая торговля бумажно-беловыми и канцелярскими товарами для школы и офиса «Канц-Эксмо»:
Компания «Канц-Эксмо»: 142702, Московская обл., Ленинский р-н, г. Видное-2, Белокаменное ш., д. 1, а/я 5. Тел./факс: +7 (495) 745-28-87 (многоканальный).
e-mail: **kanc@eksmo-sale.ru**, сайт: www.**kanc-eksmo.ru**

Филиал «Торгового Дома «Эксмо» в Нижнем Новгороде
Адрес: 603094, г. Нижний Новгород, улица Карпинского, д. 29, бизнес-парк «Грин Плаза»
Телефон: +7 (831) 216-15-91 (92, 93, 94). **E-mail:** reception@eksmonn.ru

Филиал ООО «Издательство «Эксмо» в г. Санкт-Петербурге
Адрес: 192029, г. Санкт-Петербург, пр. Обуховской обороны, д. 84, лит. «Е»
Телефон: +7 (812) 365-46-03 / 04. **E-mail**: server@szko.ru

Филиал ООО «Издательство «Эксмо» в г. Екатеринбурге
Адрес: 620024, г. Екатеринбург, ул. Новинская, д. 2щ
Телефон: +7 (343) 272-72-01 (02/03/04/05/06/08)

Филиал ООО «Издательство «Эксмо» в г. Самаре
Адрес: 443052, г. Самара, пр-т Кирова, д. 75/1, лит. «Е»
Телефон: +7 (846) 207-55-50. **E-mail**: RDC-samara@mail.ru

Филиал ООО «Издательство «Эксмо» в г. Ростове-на-Дону
Адрес: 344023, г. Ростов-на-Дону, ул. Страны Советов, 44А
Телефон: +7(863) 303-62-10. **E-mail**: info@rnd.eksmo.ru

Филиал ООО «Издательство «Эксмо» в г. Новосибирске
Адрес: 630015, г. Новосибирск, Комбинатский пер., д. 3
Телефон: +7(383) 289-91-42. E-mail: eksmo-nsk@yandex.ru

Обособленное подразделение в г. Хабаровске
Фактический адрес: 680000, г. Хабаровск, ул. Фрунзе, 22, оф. 703
Почтовый адрес: 680020, г. Хабаровск, А/Я 1006
Телефон: (4212) 910-120, 910-211. **E-mail**: eksmo-khv@mail.ru

Республика Беларусь: ООО «ЭКСМО АСТ Си энд Си»
Центр оптово-розничных продаж Cash&Carry в г. Минске
Адрес: 220014, Республика Беларусь, г. Минск, проспект Жукова, 44, пом. 1-17, ТЦ «Outleto»
Телефон: +375 17 251-40-23; +375 44 581-81-92
Режим работы: с 10.00 до 22.00. **E-mail:** exmoast@yandex.by

Казахстан: «РДЦ Алматы»
Адрес: 050039, г. Алматы, ул. Домбровского, 3А
Телефон: +7 (727) 251-58-12, 251-59-90 (91,92,99). E-mail: RDC-Almaty@eksmo.kz

ISBN 978-5-04-175775-5